中国近代历史人物选讲

汤黎 编著

本书出版得到华中科技大学教材建设项目和教学研究项目经费支持

武汉大学出版社
WUHAN UNIVERSITY PRESS

图书在版编目(CIP)数据

中国近代历史人物选讲/汤黎编著. —武汉: 武汉大学出版社,2017.1
ISBN 978-7-307-18774-0

Ⅰ.中… Ⅱ.汤… Ⅲ.历史人物—人物研究—中国—近代—高等学校—教材 Ⅳ.K820.5

中国版本图书馆 CIP 数据核字(2016)第 249400 号

责任编辑:白绍华　　责任校对:李孟潇　　版式设计: 马　佳

出版发行: **武汉大学出版社**　(430072　武昌　珞珈山)
(电子邮件: cbs22@whu.edu.cn　网址: www.wdp.com.cn)
印刷:武汉中科兴业印务有限公司
开本: 720×1000　1/16　印张:7　字数:127 千字　插页:1
版次:2017 年 1 月第 1 版　2017 年 1 月第 1 次印刷
ISBN 978-7-307-18774-0　定价:29.00 元

目　　录

导　言

一、近代历史人物研究中的“翻案风”

翻看20世纪五六十年代和改革开放后有关历史人物研究的作品，不难发现一个重要的变化，那就是为历史人物翻案现象的出现。以往被正面称赞、肯定的历史人物，从林则徐、洪秀全、孙中山到鲁迅，往往受到批评，而以往受到批评或者基本被否定的历史人物，却受到了肯定和赞颂。这种翻案现象，集中体现在对曾国藩、李鸿章、袁世凯、慈禧等人的评价上。人们对历史人物的不同评价，固然是由于历史人物本身的复杂性，但同时也体现了研究者的史观的变化以及所处时代的深刻影响。

范文澜写于1944年的《汉奸刽子手曾国藩的一生》，书名就给了曾国藩以明确定性。在该书中，范文澜认为曾国藩是汉奸卖国贼，是刽子手，是历史的罪人。这种观点一直延续了很久，直到翻案风刮起后，学界一改以往对曾国藩的看法，认为曾国藩继承了以天下为己任的爱国主义精神，是变革开路的人物之一。此外，还认为曾国藩不但没有卖国投降，而且还显示了不顾个人屈辱、鞠躬尽瘁的爱国情怀，是中国近代历史中的一位极其重要的人物，是中国传统文化的集大成者。

对于李鸿章的评价同样经历了这样的变化，现在学者从近代化的角度，基本肯定了李鸿章办洋务的重大贡献。然而在纠正以往对李鸿章看法的同时，有的研究者也有拔高李鸿章的倾向，称李鸿章为中国近代化开的药方是切合当时中国实际的，是可以挽救中国的。有的研究者还认为李鸿章签订的不平等条约是中国国力落后的结果，李鸿章没有责任，为其开脱。

对于慈禧，也有人为其翻案，称慈禧太后不是顽固的守旧派，作为清朝实际的最高统治者，她渴望中国的繁荣与昌盛。她同情、支持有利于中国富强与发展的改革，但认为改革必须立足于一定原则，并且应在政府主导下循序渐进。甚至还说“西太后的认识与主张并无大错”，清政府如果以其思想为共识，中国的未来与发展可能将是另外一个样子。① 这明显有拔高慈禧的倾向。可以说，以慈禧的知识能力及眼光，她不可能把中国导向一个比较好的发展方向。

袁世凯更是成为被褒奖的对象。有人称袁世凯在其为政期间推行的发展资本主义经济的政策，反映了当时社会历史发展的总趋势，同时也正是由于袁氏北洋政府政治上的宽松政策，才有陈独秀、李大钊、胡适、鲁迅等一代新文化大师的脱颖而出，包括毛泽东、周恩来等老一辈无产阶级革命家也是在北洋时代成长起来。民国时期文化上的繁荣固然和政治上的宽松政策有关，但这不是袁世凯刻意为之的，这和北洋时期军阀混战的政治大环境相关。

在新中国成立后一段时间里，洪秀全基本上是被肯定和褒扬的，而后来有的学者则认为其比清朝皇帝还要凶残，是太平天国最大的皇权主义者。学者们对孙中山、毛泽东的评价与之前也有不同。如有学者认为，孙中山的主张根本与国情大相径庭，孙中山应该对民初的政治纷乱和社会动荡的局面负责；毛泽东要求理论和实际紧密结合、理想与现实紧密结合，结果反而造成了新中国成立后的大急进病，并带来大灾难。

到底应该怎样看待这股“翻案风”呢？在深入挖掘史料的基础上，对一些不当结论进行修正是必要的，但关键在于如何在史料解读、研究方法和评价标准上达到客观、公正，不偏不倚。如果一味根据自己的主观设想，不从事实出发，用激进或者保守的方式为历史人物翻案，都是不客观的表现。那么，在历史研究中，评价人物到底应该坚持什么标准呢？

二、如何正确评价历史人物

中国古代曾经涌现出许多明君和贤臣，历史发展到近代，更是出现了许多著名的改革家、思想家，包括以林则徐、魏源为代表的开明地主阶级，以曾国藩、左宗棠、李鸿章、张之洞为代表的洋务派，以康有为、梁启超为代表的维新派，以及以孙中山、黄兴、宋教仁等为代表的资产阶级革命派。这些历史人物或对某一阶段的政治、经济发展产生了重要影响，或者引领了一个时代的思想潮流。对他们做出客观公正的评价，是尊重历史事实的必然要求。

要想对历史人物做出合情合理的评价，树立评价历史人物的正确观点，必

① 马勇：《甲午战败与中国精英阶层的分化》，见杨念群主编：《甲午百年祭：多元视野下的中日战争》，知识出版社 1995 年版，第 210-211 页。

须要坚持历史唯物主义的原则，具体来说，应注意以下几点：

1. 必须紧密结合人物所处的特定历史背景

背景是历史人物活动的舞台，任何历史人物都是生活在一定时代背景之下的，如果离开了具体的时间、地点、条件，我们就无法对历史人物做出分析，更不能做出准确的评价。因此，我们在评价历史人物的地位时，一定要结合人物活动的具体历史背景。就拿曾国藩处理天津教案这一史实来说，离开当时的中外历史大环境，很多人会说他卑躬屈膝，把国家权益拱手让给外人，是个十足的奴才。其实如果仔细考察当时的中外环境，就可发现，曾国藩处理这次教案的羁縻外交策略是有其合理性的。一方面，当时正是洋务运动进行的过程中，需要安定和平的外交环境；另一方面，敌强我弱，如果他顺应了朝野上下“不惜一战”的情绪，与列强开战，那么战争对中国造成的损失，将会远远大于其羁縻外交措施所带来的损失。

2. 坚持历史唯物主义的立场

评价历史人物的历史地位，我们不能感情用事，也不能仅从道义的角度出发，而应当看其活动对于社会历史发展所起的作用。具体来说，就是看其活动是否有利于生产力的发展以及是否符合时代潮流，是否有利于经济文化的发展与民族团结、社会进步，是否符合广大人民的愿望与利益等。凡是能顺应、符合和促进以上诸方面的，就应该肯定；反之，则要否定。同时，在评价历史人物时，还要注意其时代和阶级的局限性，撇开人物所处的阶级地位去评价其活动，是很难做到客观、全面和公正的。这种历史唯物主义的方法，和任何形式的阶级偏见划清了界限。例如在历代正史中，封建史家和封建统治者评价农民起义，往往称他们是“盗”、“贼”等，然而实际上，历史上的历次农民起义，都或多或少地迫使封建统治者对生产关系做出了调整，近代的太平天国农民起义更是提出了中国近代第一个发展资本主义的方案——《资政新篇》，这是顺应时代潮流的举措，具有积极的意义。

3. 防止以偏概全

我们看任何问题都要防止出现以偏概全的毛病，要看到事物的丰富性和复杂性。在结合历史人物的阶级性和时代性进行分析的同时，要一分为二和全面客观地评价历史人物，辩证地分析历史人物的功过。人们经常说人无完人，这就要求我们评价历史人物时，既要看他的功，也要看他的过。通常我们提到某一人物功几分、过几分，这就是说要看到历史人物是功大于过，还是过大于功，即是消极作用大于积极作用，还是积极作用大于消极作用。坚持一分为二的辩证的方法分析历史人物，就可以避免评价的简单化、绝对化。

4. 克服英雄史观

在中外史书中都存在英雄史观。西方古典文史的经典著作，如《荷马史诗》、《希腊神话故事》及修昔底德的《伯罗奔尼撒战争史》等，都极力渲染英雄的力量，塑造英雄形象。中国古代史书的书写也是这样，整个二十四史就是一部帝王将相的历史，是一部精英史，老百姓处于无声的地位。如陈寿《三国志》中曾这样评述曹操："天下将乱，非命世之才不能济也，能安之者，其在君乎!"这里就片面夸大了曹操的个人作用。时势造英雄，任何英雄人物的出现都是历史的必然性与偶然性的结合，是两者的辩证统一，必然性寓于偶然性之中。历史发展到三国时期，必然会有一个英雄人物出现来结束乱世、稳定局面，诸多偶然的因素、机会，加之曹操的个人能力，使其担当了这一角色。可以说，如果没有曹操，在他那个时代，也会有另一个人物应运而生，担当这样一个角色。当然，唯物史观并不否认杰出人物在历史上的重大作用。他们的重大作用主要反映在顺应历史发展潮流和推动历史的发展方面。所以，分析历史人物要善于把握个别人物身上所表现的偶然性，从中揭示出历史发展过程的内在必然性。历史上有作为的人物都是时势造就出来的，同时也要承认人物的个性特点对事物有一定影响力，还要注意区别其活动的性质。

5. 广泛搜集史料，要有坚实的史实基础

历史学之所以成为一门科学，在于它有一套科学的研究方法，其中尤为重要的一点，就是它讲求实证。有一分史料说一分话，没有史料就不能乱说话。搜集史料要尽量做到充分和全面，同时还要辨别史料的真伪。这就像法官断案，既要尽可能地发现证据，同时又要辨别证据的真实性。我们所发现的史料，包括文字史料和实物史料，也同样存在这样的问题，有的是真史料，有的是伪史料，这就需要严加辨别。如太平天国农民起义失败后，曾国荃一把大火，将整个天王府烧了七天七夜，有关太平天国的真实史料很多在大火中化为灰烬。成者为王，败者为寇，今天我们所能见到的很多资料是当时的地主阶级精英人士编造的，我们在运用这些史料时，就需要极其谨慎。

总之，我们在评价历史人物时，要在掌握大量史料的基础上，结合时代背景和历史发展的趋势，分析历史人物的活动是否顺应了时代潮流，推动了历史

的发展，是否解决了现实问题以及满足现实需要的程度如何。同时要注意从时代和阶级特点的角度分析其活动的时代局限、阶级局限和阶级实质。

◎参考书目

张海鹏、龚云：《中国近代史研究》，福建人民出版社2005年版。

第一章 林则徐

◎**学习提示**：林则徐所生活的时代，封建制度日渐衰落，中国开始进入半殖民地半封建社会，古老的中国文化开始受到西方文化的冲击。出生于福建一个下层知识分子家庭的林则徐，从小就目睹了民生疾苦，感受到了国家民族正在遭受欺辱与蹂躏。林则徐强烈的经世致用的思想，促使他勇敢地承担起挽救国家、拯救百姓的责任。他积极主张向西方学习，成为中国开眼看世界的第一人；他有着强烈的民族责任感，面对英国的侵略，他积极造枪造炮，抵御外侮。虽然他对近代科技、对列强的认识还不够全面，但他的抗争精神永远激励和鼓舞着我们。在抗英过程中，经历了数次挫折的道光帝最终趋向妥协，此时的林则徐违背了道光帝的意思，因而被发配到新疆。在新疆的林则徐，通过自己长期的实地考察和研究，提出了“防俄”的主张，从而成为“塞防论”的最早提出者。

19世纪，当西方世界以势不可挡的步伐昂首进入近代化历程的时候，古老的中华帝国却依然在以农业为基础的封建社会道路上徘徊，这个制度已经与世界历史的发展方向渐行渐远。

1840年6月28日，大清帝国和通过建立资本主义制度而重获新生的英国之间发生了一场战争——鸦片战争。战争的起因是英国商人在中国广东海域走私鸦片数十年不止，反而日益猖獗，严重危及了中国的国运民生。在这种情况下，关于鸦片的讨论在清政府内部激烈地展开了。当时产生了针锋相对的两种观点，有的人主张严禁，而有的人则主张弛禁，其中林则徐就是严禁派的代表性人物。

对于这位在近代中国最早认识到中国与西方的巨大差距，并主张努力学习西方的历史人物林则徐，无论是科学的历史研究，还是文学、影视作品，都给予了极大的关注和高度的评价。对林则徐的描绘，从晚清时期已经开始，那时从朝廷到士林，对林则徐多是正面的肯定的评价。民国时期，学者们从社会发展的实际出发，除了研究林则徐本人，还关注到鸦片战争对中国社会带来的长远危害。抗日战争之前，以李剑农《最近三十年中国政治史》和陈恭禄《中国近代史》为代表，他们持同样的观点，均强调林则徐是一位难得的能吏，但同时也有其局限性。他们认为林则徐在道光时代的大吏当中，是一个踏实办事、超出流辈的佼佼者，他那恳切至诚的精神，我们至今还是应该敬仰、佩服。但他对外的思想认识为时代所局限，因之所采取的手段方法，也不能没有错误，我们不能为他隐讳。抗日战争时，由于民族矛盾激化，研究者们多突出强调林则徐的抵抗精神，林则徐因此被塑造成在彷徨中努力探索救国救民道路的近代先驱。虽然蒋廷黻在他的早年著作《中国近代史》中对林则徐稍有指摘，但他在晚年写作的《中国与近代世界的大变局》中，则肯定了林则徐的向西方学习的思想和禁烟运动。他总结道，我们战争的目的没有达到，因为英国虽不反对禁烟，但反对中国再用林则徐用过的方法，这样一来，禁等于不禁，因为以中国的国力及国情，用林则徐的方法尚有一线之望，不用则全无禁烟的希望。

新中国成立后，据不完全统计，仅中国大陆，以"林则徐"为主题内容的著作和论文就达千余数。而具有学术性、适合大家来阅读的著作有这样两本：一是杨国桢的《林则徐传》；二是林庆元的《林则徐评传》。在影视作品中，有两部很成功地塑造了林则徐的人物形象：一部是1959年由上海海燕电影制片厂摄制的《林则徐》，该片是新中国电影中的经典性作品，片中林则徐由老一代电影艺术家赵丹饰演；另一部是1996年由谢晋导演的《鸦片战争》，其中鲍国安出演林则徐。在这一时期，无论是历史研究还是文学、影视作品，都一致肯定了这样两点：第一，林则徐是爱国者和民族英雄；第二，林则徐是近代中国开眼看世界的第一人。

通过回顾，我们可以明显看到，不同时代，对林则徐的评价是存在较大的差异的，那么，到底应该如何评价林则徐，才能做到客观、公正而全面呢？

一、林则徐生平简介

林则徐(1785—1850)，字元抚，又字少穆、石麟，晚号俟村老人、俟村退叟等，谥号文忠，清福建侯官(今福州市)人。乾隆五十年七月二十六日，即1785年8月30日出生在福建省侯官左营司巷的一个下层封建知识分子的家庭里。父亲林宾日，以教读、讲学为生。由于父亲教私塾的微薄收入无法维持家庭日常开销，于是林则徐的母亲就通过日常手工劳动来贴补家用，以缓解家庭生活的困窘。

在科举时代，父母多希望孩子能够通过科举入仕。林则徐4岁时，便由父亲"怀之入塾，抱之膝上"，口授四书五经。林则徐天资聪颖，在父亲的精心培养下，于嘉庆三年(1798年)考中秀才。之后便到福建著名的鳌峰书院读书，受教于具有实学思想的郑光策和陈寿祺，开始注意经世致用之学。嘉庆九年(1804年)，20岁的林则徐中举。此后由于家庭生活日益艰难，林则徐便外出当私塾老师。嘉庆十一年(1806年)秋，应房永清之聘到厦门任海防同知书记，这里的鸦片烟毒引起了他的注意。在厦门时，因为文牍办得不错，林则徐受到赞赏。嘉庆十二年(1807年)，受新任福建巡抚张师诚的赏识，被招入幕府。他在张幕中学到了不少清朝的掌故和兵、刑、礼、乐等知识以及官场经验，为他日后的入仕准备了必要条件。嘉庆十六年(1811年)林则徐考中进士。在京为官期间，他与龚自珍、魏源、黄爵滋等提倡经世致用之学。嘉庆二十一年(1816年)，曾到南昌任江西乡试副考官，其公正严肃的工作态度赢得了士林的赞赏。

嘉庆二十五年(1820年)起，林则徐先后外任江南道监察御史、浙江杭嘉湖兵备道、江苏按察使、江宁布政使等官职。在任上，他积极整顿盐务、兴办河工、筹划海运，采用劝平粜、禁囤积、放赈济贫等措施救灾抚民。后任东河河道总督，亲自实地查验山东运河、河南黄河沿岸工程，提出改黄河由山东利津入海以根治水患的治河方案。道光十二年(1832年)被授江苏巡抚；十七年(1837年)，升任湖广总督。这时，鸦片已成中国的严重弊害，黄爵滋上疏主张以死罪严惩吸食者。林则徐在江苏巡抚任上，积极执行朝廷的禁烟法令，认真查访。后来他提出六条禁烟方案，并率先在湖广实施。他还上奏指出，历年禁烟失败在于不能严禁，后应召进京，力陈禁烟的重要性和禁烟方略。道光十八年(1838年)11月，林则徐受命为钦差大臣，前往广东禁烟。次年正月，林则徐抵达广州，之后会同两广总督邓廷桢收缴鸦片，主持了著名的虎门销烟运动。1839年是禁烟史上最重要的一年，也是林则徐一生中最辉煌的岁月。主持禁烟期间，林则徐注意了解外国情况，组织人翻译西书西报，以为制定对策和办理交涉所用。道光十九年(1839年)12月，实授两广总督。鸦片战争爆发后，他力主抗击英国侵略，督师数败英军。经过几次失败，道光帝惊恐求和，归咎林则徐，林则徐被革职发配至伊犁充军。他在伊犁协助办理垦务、开辟屯田和倡导水利，同时绘制边疆地图，建议兵农合一，警惕沙俄的威胁。道光二十五年(1845年)，朝廷重新起用林则徐，调任其为陕甘总督，次年转任陕西巡抚，道光二十七年(1847年)升云贵总督。他曾先后平息和镇压西北、西南民族冲突和人民起义。在云南时，林则徐提出整顿云南矿政，鼓励私人开采，提倡商办等主张，具有积极的意义。

道光二十九年(1849年)林则徐因病辞归。道光三十年(1850年)清政府为进剿太平军，再次任命他为钦差大臣，督理广西军务，镇压广西农民起义。在赴任途中，林则徐暴卒于潮州普宁县行馆，终年66岁。后晋赠太子太傅，谥“文忠”。林则徐逝世后，全国哀悼，福州建祠祭祀。林则徐平生爱好诗词书法，著有《云左山房文钞》、《云左山房诗钞》、《使滇吟草》等，还有大量奏稿、公牍、日记、书札等，后被编辑整理成《林则徐集》。清代著名思想家、文学家魏源曾为林则徐作挽联，对其人品及功绩给予了高度而全面的评价：“品望重当朝，犹忆追陪瞻雅范；褒荣垂史乘，徒殷景仰吊遗徽。”林则徐是中国近代受赞誉最多的政治家之一。

二、力主禁烟与积极抗英的民族英雄

进入17世纪以后，西方国家经过工业革命，纷纷走上资本主义道路。繁荣起来的西方资本主义国家，迫切需要扩大海外市场和寻求原料产地。早在1793年马戛尔尼访华的时候，英国等西方国家就已经注意到中国——这个被马可·波罗称为遍地是黄金的东方古国。在马戛尔尼访华期间，乾隆帝有礼有节地婉拒了英国商团提出的政治和商贸上的不合理要求，维护了国家的主权和领土的完整，但两种文明的冲突不可避免。随着英国国力的增强和中国晚清政府的江河日下，中国避免不了被欺侮、被侵略的命运。如何不用一兵一卒就使中国这个泱泱大国的财富流入英国的国库？英国人在这次访华前已经想到了一种“商品”——鸦片。

明朝末期，已经有鸦片流入中国。但那时候吸食鸦片的人很少，鸦片销量小，奸商们自然无利可图。为了让中国人接受鸦片，唯利是图的商人们宣称鸦片能强身健体、益寿延年，这正好迎合了中国人的心理。因为自古以来，无论君王皇帝，还是达官显贵，乃至寻常百姓，都有一种不切实际的幻想——希望升仙得道，寿与天齐。正是由于贩卖鸦片有着惊人的利润，以大英帝国为主的列强，在疯狂争夺世界的同时，通过垄断鸦片市场，大量赚取金钱。他们巧妙地通过各种私人公司，进行着罪恶的鸦片贸易，其中最为有名的便是东印度公司。东印度公司当时最主要的贸易就是制造和贩卖鸦片，他们在东南亚、南亚、西亚、小亚细亚等地，强迫当地农民种植鸦片，甚至出资和垫资让农民种植鸦片，低价购买后，再高价大批量地贩卖到世界各地，其中最大的市场便是中国。因为中国历代都禁烟，他们便就近批发给熟悉中国海境的小商贩。这些小商贩被叫做港脚商人，他们通过偷运将大量鸦片输入中国。为了掩盖此种罪恶行径，他们往往由东印度公司发给特许证，并在船上悬挂大英帝国的国旗。

乾隆三十八年(1773年)，东印度公司第一次把鸦片从孟加拉国运进中国。乾隆四十五年(1780年)，东印度公司垄断了鸦片贸易。从此，鸦片成为英国对华贸易的大宗“商品”。最惊人的是鸦片战争前夕，输入数量更是激增，每年运入中国的鸦片至少35000多箱。至于当时全国吸食鸦片者到底有多少，说法不一。有的估计为200万人，道光十八年(1838年)湖广总督估计有400万人，有位外国读者估计有900多万人，甚至有的人估计有1200多万。数字的估计可能有出入，但正如《鸦片战争史料选译》中说的，不论鸦片蔓延于一个村或十个村，它所影响的范围却不能作为一个算术题来对待。实际情况确实如此。然而对于鸦片烟毒，上层统治者一直有两种意见，即一派人主张弛禁，对鸦片妥协；一派人主张严禁，彻底消灭烟毒。林则徐属于严禁派的代表人物，他和黄爵滋上书道光帝，称鸦片“流毒于天下，则为害甚巨，法当从严”，“若犹泄泄视之，是使数十年后，中原几无可以御敌之兵，且无可以充饷之银”。① 鸦片的输入已经造成了中国银涸兵弱的局面，乃是病国病民之大害。林则徐情词恳切，道光帝深受触动，于是决定禁烟。很快，他任命林则徐为钦差大臣，赴广东禁烟。在去广东之前，林则徐已经做了充分的准备，到广东后即缉拿烟贩，收缴鸦片，将收缴的鸦片在虎门海滩当众销毁。虎门销烟展示了中国人的禁烟决心和觉醒意识，给了列强以深深的震慑。然而列强的侵略本性不会改变，不久，英国竟以虎门销烟为借口，发动了侵略中国的鸦片战争。

有人认为，林则徐的“禁烟运动”，一定程度上维护了闭关锁国的清朝统治者的利益，违背了当时世界发展的潮流，助长了中国的民族主义情绪，导致了贸易争端的战争化。这种观点，认为禁烟导致了战争，显然是不正确的。首先，林则徐的“禁烟运动”是一次维护国家民族主权、尊严和利益的正义行为；另一方面，英国发动侵略战争是蓄谋已久的，这从双方的政策就可以看出。中国的对外政策一直是闭关锁国，而英国则要竭力打开中国的大门，以便于其强占中国这个巨大的市场和原料产地。早在鸦片战争前的1830年，驻广州的英国商人呈递给下院的请愿书中说，对华贸易是世界上潜力最大的贸易，现在该把对华贸易置于一个永恒的、体面的基础之上，马戛尔尼出使中国的失败也许能有力地提醒贵院，任何高尚的外交手腕，在中国都是不会有什么收获的。② 由此可见，战争是英国蓄谋已久的，林则徐的禁烟，只是英国人为其侵略行径

① 林则徐：《钱票无甚关碍宜重禁吃烟以杜弊源片》，见中国史学会编：《中国近代史资料丛刊·鸦片战争》(二)，上海人民出版社1978年版，第142页。

② 费正清编：《剑桥中国晚清史》上卷，中国社会科学出版社1985年版，第185页。

所找的一个借口而已。

关于鸦片在中、英、印三角贸易中的地位，即茶叶、棉织品和鸦片的三角关系，已经有许多论文和著作进行了很好的研究。我在这里只想引用张馨保的一段分析："和其他历史事件一样，鸦片战争并不是某一个因素造成的，它有各种各样的原因。从理论上或概念上说，这是两种不同文化间的冲突。当两种各有其特殊体制、风格和价值观念的成熟的文化相接触时，必然会发生某种冲突。使英国人同中国人相接触的是商业，鸦片战争爆发前十年，商业最重要的一环是鸦片贸易，而中国竭力想取缔这一贸易，这是战争的直接原因。"①

鸦片战争爆发后，林则徐领导军民积极抗英。他在充分评估民众对英的敌视态度后，积极训练和组织乡勇在陆地和海上对英国侵略者进行了顽强的抗击。林则徐任职期间对鸦片战争的全局筹划以及在他被革职后，均保持了他一贯的依靠民众的思想。此外，林则徐还把"炮利船坚"看成是抗英所不可缺少的条件，这种观念在他被革职以后也丝毫未变，或者说他似乎变得更加坚定了。他广泛搜集资料，积极研制枪炮，迈开了中国人向西方学习的第一步。

三、开眼看世界：从经世到"师夷"

在广州查禁鸦片的过程中，林则徐就已意识到英国会发动侵略战争。为了战胜敌人，需要知己知彼，他经过多方面分析研究，提出要变敌人的长处为自己长处的主张，这就是魏源归纳阐述的"师夷之长技以制夷"。于是，林则徐亲自组织翻译班子，翻译西文书报，供制定对策、办理交涉参考。他把外国人讲述中国的言论翻译成《华事夷言》，作为当时中国官吏的一种"参考消息"；为了了解外国的军事、政治、经济情报，他将英商主办的《广州周报》等译成《澳门新闻纸》；为了解西方的地理、历史、政治，又组织翻译了英国人慕瑞的《世界地理大全》，编为《四洲志》，这是我国近代第一部比较系统介绍西方地理的书。此外还翻译了瑞士法学家瓦特尔的《国际法》，该书中有一条规定：各国有禁止外国货物不准进口的权利。这说明中国的禁烟是完全合乎《国际法》的。林则徐组织翻译的资料，成为中国近代最早介绍外国的文献。

在军事方面，林则徐大力整顿海防，积极备战，并购置外国大炮，加强炮

① ［美］张馨保：《林钦差与鸦片战争》，福建人民出版社 1989 年版，自序第 1-2 页。

台建设；同时搜集外国船炮图样，准备仿制，以便加强和改善沿海一带防御力量。此外，为了改进军事技术，他还搜集战船图书等资料，并研究了大炮瞄准法。林则徐敢于学习外国先进科学技术的精神，受到人们的高度赞扬，被称为“开眼看世界的第一人”。虽然林则徐对西方的认识比较肤浅，接触西学的目的也只是出于外交、军事需要，但毕竟开创了中国近代学习和研究西方的风气，对中国近代维新思想起到了启蒙作用。

四、边疆建设：虽遭贬戍，心忧国家

林则徐抗英有功，却遭投降派诬陷，被道光帝革职，“从重发往伊犁，效力赎罪”。冯昕华在《闻林少穆制军遣戍新疆书感》中道出了林则徐被发配新疆的真实原因：“极边风雪惨孤臣，犹忆烟销粤海滨。未肯和戎乖国体，只应长作出疆人。”道光帝遭到打击后，倾向妥协求和，林则徐依然坚持抗英，在对外主张上与道光帝产生分歧；同时由于道光帝对英国侵略者心存幻想，以为将林则徐革职查办之后，清政府和英国的一切恩怨可以就此了结。道光二十一年(1841年)，林则徐忍辱负重，踏上戍途。在赴戍途中，林则徐仍然忧国忧民。在与妻子告别时，他写下了“力微任重久神疲，再竭衰庸定不支。苟利国家生死以，岂因祸福避趋之”的动人诗句。这是他爱国情感的真挚抒发，也是他性情人格的真实写照。

到达新疆后的林则徐不顾年迈体衰，在新疆各地“遍行三万里”，实地考察了新疆很多地方，加深了对西北边防重要性的认识。同时他还积极翻译相关资料，从中发现了沙俄对中国的威胁，从而形成了他抗英防俄的思想。为了有效地抵御俄国对新疆的觊觎，他向伊犁将军提出“屯田耕战”的建议。他还领导群众兴修水利，加强新疆的建设。林则徐感到沙俄对中国的严重威胁，临终时还在告诫世人：“终为中国患者，其俄罗斯乎！”其远见卓识，已被历史所证实：趁两次鸦片战争之机，沙俄侵占了我国北方一百多万平方公里的领土。

五、总体评价

林则徐从政40年，历官数省，是一位有着民本思想、经世思想和国际思维的政治改革家，同时也有着崇高的人格。作为封建官吏，林则徐有很强的“忠君”思想，镇压过少数民族起义，但在中华民族面临沦为半殖民地的紧要关头，他都能挺身而出，置祸福荣辱于度外，坚决实行禁烟，抵抗外国武装侵略，捍卫了国家主权和领土。林则徐的抗英和向西方学习，虽有一定的局限性，但他仍不愧是中国近代史上的一位民族英雄。

◎参考书目

1. 杨国桢：《林则徐大传》，中国人民大学出版社 2010 年版。

2. 林庆元：《林则徐评传》，南京大学出版社 2011 年版。

第二章　洪　秀　全

◎**学习提示**：晚清社会千疮百孔，列强纷纷入侵，迫使清政府签订了一系列不平等条约；同时，连年的天灾人祸，使老百姓生活在水深火热之中。内忧外患导致大大小小的农民起义的爆发。其中，洪秀全领导的太平天国农民起义，因其时间之长、规模之大，沉重地打击了封建势力和列强的侵略势力。太平天国提出的《天朝田亩制度》和《资政新篇》的纲领，有着积极的历史意义。但起义最终没能为社会的发展做出多少具有建设意义的工作，也没能使国家摆脱内忧外患的境况。

自太平天国运动兴起后，洪秀全就成为中外官方和媒体关注的热点，不同的群体站在不同的角度对洪秀全有不同的看法，可谓众说纷纭。

首先，从太平天国内部来讲。起义军把洪秀全描绘成真圣主、上帝次子，是神人同体的真命天子。这显然是一种宣传和教化，其目的是为了顺利发起和推动起义。在太平天国内部，和洪秀全接触比较多的是诸位王，基于和洪秀全亲密程度的不同，他们对洪秀全的看法也不同：洪仁玕、赖文光等，因为洪秀全对他们有知遇之恩，所以他们对洪秀全就极为感激崇拜，言辞中自然是百般颂扬；而李秀成、石达开等，因曾遭洪秀全猜忌和排斥，对洪秀全就不免有些微词。

其次，就清朝官方及封建势力而言。历朝历代，封建势力和农民起义之间就是势不两立的，在正史中，参与农民起义的人被称为是“匪”、“贼”、“寇”、“逆”，农民起义的领袖自然被称为是“匪首”、“贼首”、“逆首”。永安建制以后，清政府才真正弄清楚洪秀全才是农民起义的领袖，洪秀全即被视为“逆首”。因此，封建势力对洪秀全的事迹和形象给予了极大的扭曲和丑化，对太平天国及其领袖充满了敌视和仇恨。

再次，外国舆论方面，对洪秀全的反映是复杂多变的。较早客观评述洪秀全出身及发动起义事迹的是洪仁玕。洪仁玕流寓香港时，向瑞典传教士韩山文讲述了起义的真相。韩山文于是写了一篇英文文章公开发表，引起了巨大轰动，在一定程度上澄清了西方人的视听。当西方传教士得知在中国有一个人在帮忙传播基督教时，他们对太平天国和洪秀全比较感兴趣，甚至有不少人还抱同情和支持的态度。后来当他们发现洪秀全的传教意图主要是把拜上帝教作为其反清的精神武器，并非是为了传播基督教，并且洪秀全本人对基督教的理解甚为肤浅，其一些思想和行为也有违基督教的教义时，便转而攻击和污蔑太平天国及洪秀全。

最后，各个列强对洪秀全的态度一直是以其政府的对华政策为导向的，是和其政治利益紧密相连的。在政府政策的“中立”期，列强的各种报纸还能保持一定的客观性，但当政府政策转为武装干涉时，其报纸就随之转变成替战争制造舆论的喉舌。列强使节访问天京后，对太平天国和洪秀全十分厌恶和憎恨，在其所撰各种外交报告中，对太平天国和洪秀全充满了各种诬罔不实之词。

学术界在长期的研究中，对洪秀全有两种评价：一种认为太平天国农民起义是一场爱国运动，洪秀全因而被作为正面人物和农民革命家予以肯定。如曾任中国太平天国史研究会会长的方之光先生在他的一系列论著中，称洪秀全等领导的太平天国农民起义是一场正义的农民运动，一定程度上推进了近代中国民族民主革命和近代化。也有一种观点是全面否定太平天国运动的，认为洪秀全是一个“灾星”、“邪教主”、“暴君”。如简又文等人否定太平天国具有反侵略、反封建的性质，认为洪秀全不是农民运动领袖，而是反清的宗教运动领袖。复旦大学中文系教授潘旭澜在《太平杂说》中也评价道：“洪秀全为首的太平军，是头领们利用迷信发动和发展起来的一支造反队伍。他的一套教义、教规、戒律，不但从精神到物质严厉地控制着参加造反者，而且断绝了一切可能的退路。它们的指归，在于由洪秀全个人占有天下，建立他个人的‘地上天国’。这种洪氏宗教，披着基督教外衣，拿着天父上帝的幌子，以中国奴隶主和封建帝王的腐朽思想、条规，对他控制下的军民实行极其残酷的剥夺与统治，实际上是一种极端利己主义的政治性邪教。洪秀全造反获得局部的成功，是以中国社会大动乱、大破坏、大倒退为代价的，是以数以百万计军民的生命、鲜血为代价的，是以中国丧失近代化的最后机遇而长期沦为帝国主义刀俎下的鱼肉为代价的。”①

那么洪秀全在历史上究竟起过什么作用？该如何评价呢？这要求我们必须把洪秀全的活动，放在时代的大背景下进行全面的分析。

---

① 潘旭澜：《太平杂说》，百花文艺出版社 2000 年版，第 58-59 页。

一、洪秀全与太平天国起义

洪秀全(1814—1864)，广东花县人。洪家以务农为业，父亲洪镜扬勤劳耿直，热心宗族事务。父亲的品性对洪秀全的思想性格具有一定的影响。洪秀全自幼刻苦读书，族人和老师都称他“才学优俊”，并期待他考取功名，光宗耀祖。洪秀全本人也有这种志向。然而，他在科举考试中屡遭失败，几次参加秀才考试都没考中，颇受打击，最后发誓“不穿清朝服，不考清朝试，自己开科取士”，并在落第回家的路上，做《龙潜诗》一首：“龙潜海角恐惊天，暂且偷闲跃在渊。等待风云齐聚会，飞腾六合定乾坤。”显然，此时的洪秀全已经萌生推翻清朝的念头。

1843年应试落第后，洪秀全翻阅了之前到广州应考时在街头收到的耶稣教士梁发讲道散发的小册子《劝世良言》。他仔细钻研《劝世良言》，相信基督教的教义，并将基督教的内容和自己知识结构里面的另一块内容——儒教相糅合，先后写了《百正歌》、《原道救世歌》、《原道醒世训》、《原道觉世训》，并创立了拜上帝教，从此下定决心要推翻清王朝。

之后，他回广西桂平县紫荆山，和冯云山一道传教，并设立拜上帝教机关——拜上帝会。桂平县紫荆山之所以成为他们实施反清活动的一个理想基地，一是这里是苗、汉、壮、瑶等各民族聚居的地方，种山、烧炭的贫民所受剥削十分沉重，因此具有强烈的反抗意识；二是山民缺乏文化，受传统儒学影响较少，因此容易接受宗教迷信思想；三是该地政府控制也较为松弛。冯云山是出身农家的知识分子，胸怀大志，极富宣传和组织才能，善于与农民沟通感情，在拜上帝教前期的宣传和教民的组织方面起到中枢骨干作用。在短短几个月的时间里，拜上帝教信徒就发展到两千多人。于是，洪秀全和冯云山等开始秘密筹划起义。

洪秀全和冯云山的活动引起了紫荆山地方团练的注意，他们不便公开活动，于是转入地下状态。那么发展起来的会众该怎么办？拜上帝会的事业又该怎么办？这时，杨秀清和萧朝贵的出现，挽救了拜上帝教。杨秀清借上帝附体，代天父发言；之后，萧朝贵又借耶酥附体，代天兄发言，发号施令，稳定了人心，团结了会众。这就形成了太平天国历史上的二元领导结构，即本来洪秀全是天父次子、天兄之弟，受命下凡诛妖；但当杨、萧二人借天父、天兄下凡附体发号施令时，洪秀全也只得跪地听命，不敢有丝毫反抗。靠代天父下凡这个法宝，杨秀清实际上成了拜上帝会和后来太平军的潜在首领，这也直接威胁到洪秀全的地位。二元领导结构此时虽然挽救了拜上帝会，但也直接引发了后来的内讧。

拜上帝会发展很快，其成员迅速增加到一万多人。在进行组织准备的同时，他们也积极进行军事准备。1850 年 11 月，经洪秀全号召发动，各地会众聚于金田村团营编伍，进行训练，练兵活动主要由石达开全权负责。在做了较充分的思想准备、组织准备和军事准备后，1851 年 1 月 11 日，他们在金田宣布起义，并建立“太平天国”。建号“太平天国”的第三天，洪秀全率领太平军离开金田，之后胜利进占武宣东乡。在东乡，洪秀全称天王。9 月，太平军攻占永安。12 月，洪秀全在永安州发布封王诏令，分封了东、西、南、北、翼五王，规定由东王杨秀清总理军政，节制其余四王，从而初步建立了政权。从金田到永安的过程中，太平军都遭到清军的围追堵截，在缺粮、缺盐、缺弹药的情况下，太平军采取了单纯防御——突围转移——单纯防御——突围转移的战略模式。由永安到南京阶段，太平军实力大增，战略方式也由单纯防御改为战略进攻。这一阶段，太平军转战两湖、三江，攻克大小城市三十余座，全军人数猛增，军队编制也由单一的步兵扩展为多兵种的强大兵团。经过在广西和两湖等地两年多的战斗，太平军攻占了武昌，冯云山、萧朝贵先后阵亡。在武昌，太平军面临新的抉择，洪秀全和将领们展开了激烈的讨论。要推翻清政府，自然要往北打，但杨秀清认为江浙乃财富聚集之地，应沿长江东下，直取南京。最后大家统一思想，决定攻占南京。咸丰三年(1853 年)正月初二，太平军将士离开武昌城，兵分两路顺江而下，水陆夹攻，顺利进驻九江。之后又攻克了安庆，缴获了大量武器弹药，为进攻南京奠定了基础。接下来就是攻取南京了。太平军以最快的速度将南京城层层围住，洪秀全命令以穴地攻城为进攻的主要手段，辅之以惊扰战术，最后太平军顺利地攻克了南京。1853 年 3 月，洪秀全进入南京城，改南京为天京，作为太平天国的都城，正式建立起与清政府相对峙的政权。定都天京后，洪秀全颁布了太平天国的纲领性文件——《天朝田亩制度》。

太平军进入天京后不久，清军就在天京附近建立了江南大营和江北大营，以围困天京。太平天国当时面临的形势是：要推翻清政府，必须北伐；要巩固天京革命大本营，必须西征；要断绝清军的财源，充实自己的经济力量，必须东征。这样，在洪秀全和杨秀清的领导下，太平军进行北伐、西征、东征。除北伐孤军深入失败外，西征和东征均取得了全面的胜利，太平天国在军事上达到全盛。

咸丰六年(1856 年)下半年，正在起义事业蒸蒸日上的时候，太平天国的领导集团发生内讧，使起义遭遇到严重的挫折。首先是洪秀全和杨秀清之间的矛盾爆发。洪、杨之间的矛盾起源于太平天国的宗教、政治体制：洪秀全为拜上帝会教主，起义后为太平天国天王，本应是太平天国的最高领袖，但自杨秀清被承认为天父代言人后，洪秀全的地位实际上发生了微妙的变化，因为一旦杨秀清实行天父附体时，洪秀全就必须俯首听命。这样，洪、杨之间关系处理得如何，关键看杨秀清能否正确地使用自己代天父下凡的权力。定都天京后，洪秀全足不出户，天国的政事都交给杨秀清来处理，杨秀清的权力越来越大，权力欲也越来越强，于是经常使用代天父下凡的伎俩，甚至在一些小事上也频频使洪秀全难堪，后来甚至发展到威逼洪秀全亲自到东王府封他为万岁。洪秀全忍无可忍，于是密召在外督师的韦昌辉等迅速返京，诛杀杨秀清，这就是天京变乱的发端。韦昌辉和秦日纲接到密召后，率部队回到天京，包围了东王府，不仅杀了杨秀清，还杀了其所属部众二万余人。不久，翼王石达开回到天京。他虽也不满于杨秀清的专横，但对韦昌辉等滥杀无辜，危及国家的行为也进行了谴责。韦昌辉大怒，想杀石达开。石达开得到消息后连夜逃出天京城，韦昌辉就杀了石达开全家。韦昌辉杀红了眼，整个天京城弥漫在一片恐怖的气氛中，连洪秀全本人也感到了危险，同时韦昌辉的行为也遭到了太平军将士的指责。在这种情况下，洪秀全杀了韦昌辉和秦日纲。石达开回到天京，众人推举他为义王。但此时的洪秀全已经不相信任何人了，他对石达开很是猜忌，于是封自己的两位无德无能的兄长为王，以牵制石达开。石达开得到众将士的拥戴，因此洪秀全对他的疑忌也就越深。后来，石达开到了不得不出走的境地。如果不走，继续留着天京城的话，很有可能遭遇和杨秀清等人一样的下场。1857 年 6 月，石达开带领精锐部队离开天京出走，后在四川大渡河兵败被杀。这次“天京事变”使太平天国政权元气大伤，以至出现了朝中无人的局面。

正当太平军元气大伤的时候，清政府经过辛酉政变，朝局为之一变，年轻的慈禧和奕䜣调整统治政策，内政外交日有起色。1861 年冬，慈禧太后授权曾国藩统辖苏、浙、皖、赣四省军务，对付太平军的前线清军，全部归曾国藩统一指挥。曾国藩坐镇安庆，派弟弟曾国荃率领湘军主力，进攻天京；派李鸿章率领淮军，伙同英国人戈登指挥的“常胜军”，进攻苏州、常州；派左宗棠率领湘军的一部进攻浙江，英法侵略者组织中外混合的武装势力，协助左宗棠，分三路围攻南京。

在这种情形下，洪秀全大胆起用青年将领陈玉成、李秀成等，以他们和韦志俊、蒙得恩等为前、后、左、右、中五军主将，负责处理军务。他还让自己的族弟洪仁玕任精忠军师、干王，负责总理国事。洪仁玕任干王期间，颁布了著名的《资政新篇》。洪秀全的这些措施，取得了一定的效果，太平军曾取得占领苏南、浙江大部分地区的胜利。但好景不长，自同治二年(1863 年)后又相继失守，后来天京被曾国荃所率军队包围。

在形势逆转且日趋严重的情况下，李秀成建议“让城别走”，即放弃天京，经江西、湖北与在西北的太平军会合，另图发展。这可以说是挽救当时太平天国唯一的良策，但洪秀全没有采纳李秀成的建议，坚持死守天京。太平军被湘军围困多日，城中缺粮，但洪秀全坚信上帝会从天上降下一种食物，叫甘露——其实是一种草——来缓解城中缺粮的问题。在清军攻破天京城之前，洪秀全病逝。十多天后，天京城被湘军攻破，太平天国灭亡。

二、功 过 评 析

由于时代的不同，评论角度的不同，对太平天国和洪秀全的评价也就不同。有贬低者，如清政府说他造反，把洪秀全描绘成一个大逆不道的邪教主和暴君；有褒扬者，如民国时推重其反清的功绩，建国以后则强调其阶级反抗。孙中山曾称洪秀全是“反清第一英雄”，说他推翻了几千年来“剥削有理、压迫有理、造反无理”的旧案，把曾国藩等人颠倒的历史再颠倒过来。孙中山是最早为洪秀全翻案的人，他翻这个案，是针对清朝腐朽的统治和外国资本侵略而言的，是实事求是的。

新中国成立后的一段时间里，学术界对洪秀全的评价基本上持肯定与褒扬的态度。“文化大革命”中，更是拔高洪秀全、美化太平天国，达到极端的程度，洪秀全也被称之为革命领袖。十一届三中全会以后，学术界对包括洪秀全在内的若干历史人物的功过进行了实事求是的评价，对洪秀全的评价才逐渐由神化趋于人化。

洪秀全是一个有功也有过的历史人物。

1. 洪秀全的功

马克思主义认为，判断历史人物的功绩，不是根据他有没有提供现代所要求的东西，而是看他们比他们的前辈提供了哪些新的东西。据此，我们可以说洪秀全对历史的新贡献，主要有以下几点：

第一，洪秀全领导的太平天国农民起义是中国近代史上第一次反封建反侵略的农民革命高潮。从 1851 年 1 月金田起义到 1864 年天京陷落前夕，洪秀全领导了这场农民战争的全过程，历时 14 年，势力发展到 18 省，先后攻占 600

多座城市，沉重地打击了没落的清政府和贪婪的外国侵略者。

第二，洪秀全集千百年来农民要求平等平均思想之大成，制定了建立一个没有压迫剥削、“天下为公”的大同社会的纲领——《天朝田亩制度》，把历史上的农民战争推向最高峰。这个纲领虽然有严重的空想性，同时由于军事形势的紧张也没有完全落实过，但它反映了人类追求这种美好社会的理想，马克思曾把这种要求“消灭私有制”的思想称之为“中国的社会主义”。

1853年冬颁布的《天朝田亩制度》涵盖了经济、军事、思想文化等各个方面，其中“田亩制度”是它的核心部分。它详细地论述了解决土地问题的指导思想和土地分配的原则，响亮地提出了“凡天下田，天下人同耕”的口号，为中国农民描绘了一个“有田同耕，有饭同食，有衣同穿，有钱同使，无处不均匀，无人不饱暖”的理想天国的蓝图，鼓舞了起义农民的士气。《天朝田亩制度》还对军事、职官的考核等作了一系列规定。这些思想主张在一定程度上得到过实行，部分地区的农民分得了一些土地，或者减少了赋税，生活有一定改善，这是应该肯定的。但其主要的部分，即关于均分土地和公有共享的规定却未能完全贯彻落实。太平天国在军队中实行过公有共享制度，但后来几位高级将领生活奢华，将士们各有私财，公有共享名存实亡。

第三，洪秀全于1859年批准颁布了中国近代史上第一个全方位的近代化纲领——《资政新篇》，试图把太平天国建成一个与“番人并雄”、“民富国强”的新国家，这是符合时代发展的趋势的。《资政新篇》是干王洪仁玕仿效西方资本主义国家制度而写的，内容涉及政治、经济、文教、外交等各个方面，成为太平天国后期的重要政纲。对《资政新篇》，洪秀全不仅认真阅读，而且还就其中的“兴舟楫之利”、“兴器皿技艺”、“兴银行”等发展资本主义的建议，作出了“此策是也”或“是”的批示，表明他对发展资本主义是部分表示赞成的。毛泽东在《论人民民主专政》一文中曾把洪秀全与康有为、严复和孙中山称为代表了中国共产党诞生以前向西方求真理的一派人物，是先进的中国人。

第四，洪秀全领导的太平天国农民起义对后来的民族民主革命也产生了深远的影响。孙中山就以“洪秀全第二”自居，并将他创立的旧三民主义，看作是对洪秀全开创的太平天国事业的继承和发展：“驱除鞑虏，恢复中华”的民族主义，是对太平天国“奉天讨胡”的承继和发展；“平均地权”的民生主义，是对《天朝田亩制度》中“田产均耕”的思想的发展；“建立民国”的民权主义，虽然是孙中山先生顺应时代潮流的创新，但也是其总结了太平天国“大家都想做皇帝”而自相残杀的反面教训的结果。正如李大钊所指出的，孙中山先生承接了太平天国的正统，而淘汰了他们的帝王思想、宗教思想。由此不难看出，孙中山领导的辛亥革命显然受到洪秀全的影响，并总结了太平天国正反两方面的经验教训。

第五，在对外关系上，太平天国时期推行的比较平等的外交政策，在一定程度上提高了中国人在外国人心目中的地位。英国人 Augustus Frederick Lindley 曾参加过太平军，他著有《太平天国：在李秀成幕下任职的回忆》①一书，此书所描绘的太平天国人，跟以往欧洲人心目中的清朝人的丑陋形象完全不同。该书评价说，太平军是聪明伶俐、直率、武勇、优秀的人，他们那种难以言状的自由的风格，形成了独特的魅力；被鞑靼人压制的卑屈的中国人经常低头哈腰献媚，而太平军，即使是面临死，也是一种显示了自由人的堂堂不屈的态度。

2. 洪秀全的局限性

洪秀全虽然是一个勇敢的征服者，但不是一个英明的行政建设者。1855年，太平天国事业开始走下坡路，革命运动面临分裂。关于太平天国运动失败的原因，学者们有诸多的分析，总结起来，学界着重强调这样几点：中外反动势力的勾结、农民阶级自身的局限性和没有科学的理论和先进的纲领作为指导。

客观地说，作为主要领导人，洪秀全对太平天国运动的失败负有直接而重大的责任。正是由于在当时历史条件下，洪秀全不可避免地要重蹈历史上农民运动领袖的覆辙，犯了不少严重的错误。洪秀全的局限性主要在于：

第一，定都天京后，洪秀全抛弃了最初起事时的誓言，封建意识与日俱增，等级观念、享乐思想尤其突出，成了天国最大的皇权主义者。定都前，洪秀全和其他将领同吃同住，情同骨肉，且有事大家聚于一室，共同商议，太平天国事业发展迅猛；然而定都后，洪秀全大造王府，在天王府深居简出，严重脱离将士群众。其愈往后，就愈像一个封建帝王，起了一个恶劣的带头作用。天京内讧就是领导集团内部这种封建思想发展的必然结果，而此次内讧几乎葬送了革命。

第二，太平天国初期，领导人的选拔是非常严格的，赏罚分明，赐爵更需凭军功，事事严整，上下齐心。但是到了后期，尤其是天京变乱后，洪秀全一改用人唯贤的路线，任人唯亲，形成一个排斥异姓的洪氏集团，天国内部离心

① リンドレー著；増井経夫，今村与志雄訳，太平天国 1：李秀成の幕下にありて，平凡社 1964 年版。

倾向严重，后期政治日益腐败，给天国事业带来了致命的危机。石达开是太平军最优秀的统帅，他德才兼备，深受将士拥戴，天京内讧后，他是唯一能团结群众辅佐洪秀全重振天国事业的人选。然而，洪秀全却猜忌他，并用自己两位无德无能的兄长牵制和排挤他。后来，石达开走也得走，不走也得走，如果不出走，继续留在天京的话，他应该是摆脱不了被洪秀全杀害的命运。石达开率领精锐部队出走，对天国事业又是致命一击。后来青年将领陈玉成、李秀成攻破江北大营、江南大营，洪秀全立刻大封王爵，不问才德、功劳，亲戚、同乡或捐钱粮者，均可封王，封王人数竟达 2700 人以上。滥封诸王加剧了太平天国内部的分裂，使得后期政治十分腐化，中央权力受到削弱，直接影响到军队的战斗力。此外，政治的腐败，使洪秀全失去了民众的支持，这也是太平天国失败的一个重要原因。

第三，太平天国早期，洪秀全利用拜上帝会发动和组织群众，确实起到过积极作用；但到了太平天国后期，随着局势的日益严重，洪秀全越来越不能面对现实，信天不信人，日益陷入宗教迷信的泥淖。他试图用“天父天兄”的精神鸦片来治理天国，结果更加速了天国的覆亡。简又文先生曾这样概述拜上帝教的特性：太平基督教，就是西洋基督教的部分内容传入中国后融合中国固有的宗教、伦理、学术思想、社会习俗而形成的中西文化的折中品。中西文化折中品的拜上帝教和其他宗教一样，是不可能给广大农民指出一条光明的自救之路的。

第四，定都天京后，洪秀全足不出户，实际的军事指挥权交由杨秀清、石达开等人掌管，洪秀全离现实越来越远。脱离群众，远离前线斗争，那么遇到重大事情时，洪秀全就很容易独断专行、盲目指挥，单凭自己的想法干预政治和军事，这样势必会造成失误乃至惨败。如 1862 年 6 月，曾国藩率领湘军进逼天京，情势危急，洪秀全死守以天京为中心的战略，置李秀成在长江下游开创的大好形势于不顾，一日连下三道“诏书”要其回京，强令他立刻“进北攻南”。李秀成并不赞成“进北攻南”的作战方案，但迫于洪秀全的严逼，于 1863 年 3 月率军冒雪过江。事实证明，“进北攻南”是完全脱离实际的军事行动，它使数万太平军将士因寒冷、饥饿、水淹、疾病，死在人烟稀少的荒野上。其结果，不仅没有牵制清军，减轻天京被围压力，也未打通上游供应天京的粮道，反而因九洑洲及下关的陷落，下游向天京运输粮食的唯一通道也被清军切断。洪秀全的保守思和错误指挥，加速了太平天国的灭亡。1863 年冬，苏杭失陷，江浙根据地纷纷瓦解，天京被围，城内兵少粮缺，洪秀全仍固执地拒绝了李秀成“让城别走”的建议，致使太平天国丧失了最后一次保存有生力量以便他图的良机。

马克思曾在1862年这样评价洪秀全及其建立的太平天国："除了改朝换代以外，他们没有给自己提出任何任务"，"他们给予民众的惊惶比给予老统治者的惊惶还要厉害。他们的全部使命，好像仅仅是用丑恶万状的破坏来与停滞腐朽对立，这种破坏没有一点建设工作的苗头"。① 我们不能否认，对洪秀全产生较大影响的是一些传统的消极思想，如帝王将相的思想、三纲五常的思想等。洪秀全的身上体现着时代和阶级的局限性，这些都是中国封建社会中任何一位统治者和农民领袖都无法摆脱的东西。神化洪秀全固然是不对的，但将洪秀全妖魔化就更加荒唐，我们应当根据当时的历史条件加以说明，从而还洪秀全以其本来面目。

三、太平天国起义的后果

太平天国起义虽然具有积极的历史意义，但也对当时的国家、社会和人民产生了一些消极的后果。

首先，战争造成了人口的大量减少。据葛剑雄的研究，从1851年到1864年，经过十四年的战乱，全国减少了一亿一千万人，也就是说中国的人口减少了四分之一。当然，人口的剧减不能仅怪太平天国，清朝政府也有责任。双方的互相屠杀，太平军内部的自相残杀，都造成了人口的减少。

其次，这个时期正是中国最需要安定的环境去进行改革、发展经济的时候，却发生了十几年的战乱；中国当时最富庶的地区江浙和长江流域的经济受到极其惨重的打击。此外，太平军所到之处，文化受到无法弥补的破坏。1875年，也就战争结束12年之后，郭嵩焘在给皇帝的考察报告中称："江浙财赋之邦，经乱已十余年，而土地之开垦无多，或七八成，或仅及五六成。皖南积尸填塞山谷，至今未尽收掩，田卒污莱不能辟，人民离散不能归。"②由此可见太平天国造成的破坏有多大。

再次，长期的内乱也给了列强的侵略以可乘之机。沙皇俄国趁清政府与太平军作殊死搏斗、东北与华北兵力空虚时，侵占了黑龙江以北、外兴安岭以南

① 马克思：《中国记事》，载《马克思恩格斯全集》(第15卷)，人民出版社1963年版，第545-548页。

② 郭嵩焘：《条议海防事宜》(光绪元年三月)，《郭嵩焘奏稿》，岳麓书社1983年版，第340页。

60多万平方公里的土地；英法联军也趁机轻易地攻占了天津、北京，大肆抢掠，火烧圆明园。

最后，太平天国农民起义的爆发也使得晚清政局发生了重大的变化，即地方督抚势力的扩大，汉族官僚集团的崛起，形成了外重内轻的局面。

◎参考书目

1. 罗尔纲:《太平天国史》，中华书局1991年版。

2. 茅家琦主编:《太平天国通史》，南京大学出版社1991年版。

3. 苏双碧:《洪秀全》，广东人民出版社1994年版。

4. 唐德刚:《晚清七十年》第二部《太平天国》，台北远流出版事业股份有限公司1998年版。

5. [美]史景迁著，朱庆葆等译:《"天国之子"和他的世俗王朝——洪秀全与太平天国》，上海远东出版社2001年版。

第三章 曾国藩

◎**学习提示：**曾国藩深受儒家思想的影响，一生恪守传统道德，在修身、齐家、治国、领军等诸方面取得了令人艳羡的成绩。在太平天国农民起义爆发之后，他组建湘军，以屡战屡败、屡败屡战的精神，最终取得胜利，平定了此次农民起义。在鸦片战争及镇压太平天国农民起义的过程中，曾国藩意识到办洋务的重要性，于是他积极投身洋务运动，成为洋务运动初期的地方领袖。在对外关系上，他特别注意防范外国人对中国主权和利益的觊觎，但在处理天津教案时，出于对内外局势的考虑，最终采取了羁縻的外交策略。由于这种羁縻策略与当时国人的激愤情绪相违背，所以遭到国人的唾骂。曾国藩不仅是理学名家，同时在文学方面也有很深的造诣。在他身上，体现着中国古代文人对立德、立言、立功三不朽的追求，因此他被人们视为中国古代文人的一个典范。

曾国藩所处的时代，是清王朝由乾嘉盛世转向没落、衰败的时期，是内忧外患接踵而来的动荡年代。曾国藩是这一过渡时期的重要人物，他在政治、军事、文化、经济等各个方面均做出了令人瞩目的贡献。由于曾国藩等人的力挽狂澜，清王朝一度出现过“同治中兴”的局面，曾国藩也因此成为近代中国最显赫和最有争议的历史人物之一。

早在曾国藩镇压太平天国时，即有人责其杀人过多，而且非常残酷，送其绰号“曾剃头”、“曾屠户”。而在1870年“天津教案”之后，不少人又骂他是卖国贼，奴颜婢膝，他也一度陷入四面楚歌的境地。辛亥革命后，一些革命党人说他“开就地正法之先河”，是遗臭万年的汉奸。新中国成立后的史学界对他更是一骂到底，斥其为封建地主阶级的卫道士、地主买办阶级的精神偶像、汉奸、卖国贼、杀人不眨眼的刽子手等，予以全面否定。代表作品有范文澜的《汉奸刽子手曾国藩的一生》、王俯民的《历史罪人曾国藩》等论著。近百年来对曾国藩褒扬者有之，斥骂者也不乏其人，真可谓“誉之则为圣相，谳之则为元凶”。

历史是各种复杂因素的有机组合体，历史人物也是如此，对复杂的历史人物予以简单、片面的肯定或否定，都是不客观的，都是不符合马克思主义唯物史观和实事求是的要求的。20 世纪 80 年代以来，学术界对曾国藩的研究逐步深入，对他的评价也相对客观。曾国藩是一个很值得研究的人物，那么，对于这样一个复杂的历史人物，究竟该作如何评价呢？

曾国藩(1811—1872)，字伯涵，号涤生。1811 年出生于湖南长沙府湘乡荷叶塘白杨坪(今湖南省娄底市双峰县荷叶镇大坪村)的一个以耕读为本的地主家庭。祖辈以农为主，生活较为宽裕。祖父曾玉屏文化程度不高，但阅历丰富，父亲曾麟书为塾师秀才。长辈对作为长子长孙的曾国藩寄予厚望，于是很早即对曾国藩进行传统知识文化的教育。曾国藩 6 岁时入塾，勤奋好学。1832 年，21 岁的曾国藩考取秀才，28 岁考中进士，从此之后，他一步一步地踏上仕途，并成为军机大臣穆彰阿的得意门生。在京十多年，累迁侍读、侍讲学士、文渊阁直阁事、内阁学士、礼部侍郎及署兵部、工部、刑部、吏部侍郎等职。

曾国藩的仕途畅通与他的好学不无关系，他读书孜孜不倦，日夜苦读不息，博览历史，重视理学，还读了大量的诗词古文，才华横溢，满腹经纶，所以在政治上常有自己的独特观点。曾国藩对理学的体悟更是贯彻到他生活的方方面面，无论是在思想上，还是在实践上，他都极力标榜封建伦理道德，来维护地主阶级的根本利益。

一、太平天国农民起义与湘军的崛起

1852 年，曾国藩因母亲去世而在家守丧。这时，太平天国农民起义来势凶猛，清政府的八旗、绿营军无法抵挡，于是清政府决定利用地主武装力量来遏制革命势力的发展。1853 年 1 月，清廷命曾国藩为帮办团练大臣，在湖南督办团练。曾国藩顾不得守丧三年的大礼，积极行动起来，在家乡拉起一支军队——也就是历史上有名的“湘军”。民国时期军事学家，保定军官学校校长蒋方震在《中国五十年来军事变迁史》一书中曾这样评价湘军：“湘军，历史上一奇迹也。书生用民兵以立武勋，自古以来未尝有也。谚有之，秀才造反，三年不成，而秀才则既成矣。”湘军之所以能战胜太平军，和湘军的特点是息息相关的。

首先，湘军选将和选士兵的标准很严格，规定不要兵痞和守备以上的绿营官员，油头滑面的概不录用，强调要用偏僻地区的山乡居民。将领多是士绅地主，同时要求必须讲忠义、有血性。其次，曾国藩本人是一个理学家，在军队的编制和管理上，他将宗法血缘关系和地缘关系渗透其中。其一，湘军的编制坚持统领挑选营官，营官挑选哨弁，哨弁挑选什长，什长挑选勇丁的方式，各营只服从营官一人，全军只服从曾国藩一人。其二，湘军的统领、营官们在招募乡勇、组建湘军时，总是将同乡、亲友招进来，并且招募士兵时，互相之间都要承保，打上手印，造成花名册，使层层封建关系互相联结，这样做，就强化了湘军内部的凝聚力。其三，在军队日常的思想方面，曾国藩特别强调士兵"忠"、"诚"二字的教育，因为在曾国藩看来，凡得忠诚者，可视死如归，无所顾忌。

1854年初，湘军组成陆军十三营，水师十营，共一万七千多人，同年出师与太平军作战。曾国藩还特地写了一篇《讨粤匪檄》，称要一举荡平太平军，保卫清王朝，保卫道统。然而战事并不如他所想的那么顺利，最初在与太平军对峙的过程中，接连吃败仗。但是曾国藩非常有毅力，虽屡战屡败，却屡败屡战，最终成就了一番事业。石达开曾这样评价曾国藩："公虽不以善战名，而能识拔贤将，规画精严，无间可寻，大帅如此，实起事以来所未觏也。""善拔贤将"和"规划精严"决定了曾国藩必然会成为清廷难得的将才，也就更适宜带兵成事。

慈禧、奕䜣通过辛酉政变上台后，于1861年底授权曾国藩统辖苏、浙、皖、赣四省军务，四省巡抚、提督悉归节制。这样，曾国藩坐镇安庆，悉心谋划，统一指挥前线清军。1862年初，他保荐左宗棠为浙江巡抚，带兵入浙，保荐李鸿章为江苏巡抚，率淮军去上海，让他们放手与侵略军合作，协同对付太平军，又派他的胞弟曾国荃率领湘军主力进攻天京。1864年7月19日，天京陷落。曾国藩入南京后，搞三光政策，分段搜杀，三日之间杀死太平军十余万人，秦淮长河，尸乱如麻。由于镇压太平天国有功，朝廷封曾国藩为一等毅勇侯，加太子太傅，赏双眼花翎。

湘军的兴起，标志着以曾国藩为首的汉族地主经世派的崛起。他们的崛起，使清朝封疆大吏由权贵当权变为经世派当权，这从清地方官员中满、汉比例的变化就可以看出。1861年到1890年，在清廷任命的44个总督中，汉人占34个，其中大半是杰出的乡勇领袖；巡抚117人，而汉人就有104人，半数以上为勇营出身。在这些汉人督抚中，曾国藩、李鸿章、左宗棠、刘铭传、刘坤一、郭嵩焘等，都成为晚清政治上具有重大影响的人物。这些经世派与权贵派的大官僚有很大的不同，他们具有一些新的精神，比较注重现实，所以在他们中间出现了最早的洋务官僚。

那么，如何看待曾国藩创建湘军并镇压太平天国运动呢？太平天国农民起义的爆发是必然的，而曾国藩镇压太平天国农民起义是由其所处的阶级地位决定的。纵观历史，凡是封建地主阶级的优秀分子，无不对农民起义抱有极端仇视的态度，在行动上则极力镇压，我们不能去要求这些人物不去镇压农民起义。曾国藩在清朝的八旗兵与绿营兵腐败而不堪一击的时候，组建精锐的湘军，血腥地镇压了太平军，使风雨飘摇的满清王朝渡过了“内乱”的难关，苟延残喘地又延长了六十余年的寿命，他自己也获得“中兴名臣”的美称。曾国藩镇压太平天国运动，用农民的鲜血染红自己的顶子。我们应该看到这是其阶级本性决定的，从历史唯物主义的角度来看，他不可能做出超阶级局限的事情来。

二、曾国藩与洋务运动

曾国藩是洋务运动的首创者之一。他在主持洋务新政的十年间，使洋务新政粗具规模，并且他在设厂制造、培养人才、创建水师、对外交涉等各个方面，提出了比较系统的理论和纲领，后来的洋务运动基本上是在曾国藩确定的方针下继续进行下去的。

在第二次鸦片战争中，中国战败，作为一个颇有民族意识的官僚，曾国藩受到了极大的打击，强烈的责任感使他希望中国能渐图自强，抵御外侮。他继承了林则徐、魏源等人“师夷长技以制夷”的思想，开清季提倡洋务之先声。在镇压太平天国农民起义的过程中，他领教了太平军手里的“西洋落地开花炮”的厉害，所以在湘军初建时，他就多方采购洋炮以装备水师。战争使曾国藩真正懂得了船坚炮利的威力。在总结湘潭、岳州战役取胜的原因时，他说：“湘潭、岳州两次大胜，实赖洋炮之功。”正由于此，他加紧催请清政府采用西方先进武器武装军队。

在中外势力的联合绞杀下，太平天国农民起义失败，中外也达成和局。曾国藩当时说：“今日和议既成，中外贸易有无交通，购买外洋器物，尤属名正言顺。购成之后，访募覃思之士，智巧之匠，始而演习，继而试造，不过一二年，火轮船必为中外官民通行之物，可以剿发捻，可以勤远略。”正是基于这种思想，曾国藩积极投身到洋务运动之中。

首先，曾国藩创办安庆军械所，造枪造炮，同时着手建立近代海军。1860年，湘军攻陷安庆，第二年曾国藩即在安庆创设内军械所，制造新式船炮。正是以安庆军械所开始，“师夷智”从一种理论转化为一种社会现实，由此开始了规模宏大的洋务运动。安庆军械所主要制造子弹、火药、炸炮等，成为当时清军的主要火器供应中心之一。它虽以手工制造为主，但它标志着手工制造向机器工业的过渡，在军事器械制造方面出现了新的技术。1865 年安庆军械所制成了小火轮一艘，虽然性能很差，但它是由中国人自己制造的，曾国藩相当高兴，命名为“黄鹄”。他还注意到西方军队的操演阵法，建立了西洋式的近代海军，成为中国海军的鼻祖。在他的带动、影响和支持下，军事工业在各地不断兴起。

其次，曾国藩广泛罗致懂科技、通洋务的人，并予以破格使用，他还组织了一批翻译人员翻译西方书籍，使洋务运动在有人才、有资料的基础上开展起来。曾国藩在江南制造局设立翻译馆和印书处，介绍西方文化，这些科学书籍成为光绪年间“新学家”们学习西方知识的“枕中鸿秘”，连康有为、谭嗣同接触西方，也是从这里入门的。为了造船造炮，曾国藩还办了中国第一所近代化机械学校，讲授机械制造原理。曾国藩在短短的几年内提拔、重用、保荐了一大批以办理洋务而著称的人物，李鸿章、左宗棠、郭嵩焘、丁日昌、沈葆桢等都出自他的门下，曾国藩成为名副其实的洋务派的领袖和骨干。

为了使中国人能懂得并精通西洋的科技，曾国藩排除阻力，力主派遣幼童出国留学。1871 年，为了达到目的，曾国藩与李鸿章两次联名上奏朝廷，并为幼童留学拟定详细章程，如人选、经费、课程设置等。在曾、李的奏请下，清政府终于同意派遣幼童出国。1872 年，陈兰彬带领首批幼童赴美。在此之后的1873 年、1874 年、1875 年，第二、三、四批幼童相继赴美学习。1881 年，留美幼童共 94 名分作三批回华。这些留美幼童归国后，经过艰难曲折的奋斗，后来大多成为国家的栋梁。他们中的许多人如唐绍仪、梁敦彦、蔡廷干、詹天佑、吴仰曾等在政界、外交界、军界、工业领域等发挥了重要的作用。虽然幼童赴美留学的做法中途夭折，但此后风气大开，留洋的人日渐增多，可以说留学为中国近代社会的进步造就了大批精英人物，为近现代中国革命和建设储备了人才。

关于曾国藩倡导的洋务运动的评价问题，过去一般认为，“洋务运动最终还是失败了，不仅没有兑现富国强兵的许诺，反而使中华民族陷入空前未有的危机”。但是随着研究的深入发展，学者们对洋务运动多进行了肯定。

19 世纪 60 年代开始的洋务运动是振兴中华的救国运动，它是中国工业化的起点。曾国藩办洋务工业的目的是为了中国的富强，他在洋务运动期间的种种努力，推动了近代工业的兴起，助长了学习西方的思潮，同时，他创办的军事工业和军事学校，使中国的武器装备乃至国防力量都大为增强，一定程度上抵御了列强的侵略。

洋务运动本身的目的虽没有达到，但它在中国近代史上是有十分深远的意义的。曾国藩将魏源的“师夷之长技”的思想付诸实践，率先造船制炮，兴办近代军工及科学技术，其贡献是不容抹杀的。曾国藩在洋务运动上的成就还是应该肯定的，不管其主观动机如何，而其思想也还是局限于“中学为体，西学为用”的范围之中，但是洋务运动的客观效果还是促进了中国社会的发展。

三、曾国藩与近代中国外交

有人说，曾国藩是个卖国贼，在镇压太平天国的过程中，与外国反动侵略者互相勾结，“借师助剿”，此后又在一系列外交活动中表现出卖国的行径。但是，我们必须从当时的实际情况出发，对曾国藩的外交行为进行公正的评价。曾国藩一生中，涉及的外交事情有这样三件：借夷兵助剿、阿思本舰队事件和天津教案。

关于借夷兵助剿问题，最先是因宁绍道台张景渠勾结英法侵略军攻打太平军而提出的，但这个政策的提出，当时遭到了很多人的反对。1860 年已任两江总督，手握重兵的曾国藩对朝廷的重大政策不便公然反对，于是在奏折中提出先靠自己的力量在重要地区消灭太平军后再商量“会师助剿”之事。很明显，这是一种委婉的反对。防卫上海是由李鸿章担任主帅的。李鸿章到上海后，曾国藩在信中多次指示他与洋人打交道的原则和策略，他说：“洋人缠嬲，极难处置，尊处只宜以两言决之，曰：‘会防上海则可，会剿他处则不可。’”可以看出，曾国藩深知与洋人打交道必须十分谨慎。他认为，“借助外国，自古为患”，“外夷之助中国，成功之后，每多意外要求”，所以“借洋兵以助守上海，共保华洋之人财则可；借洋兵助剿苏州，代复中国疆土则不可”。由于曾国藩等人坚决反对借夷兵助剿，清廷最后只得作罢，而且在整个咸丰朝都没有实行。

另外一件与曾国藩有关的外交事件，是阿思本舰队事件。1861 年，曾国藩向清廷上奏购置外国船炮，目的是要建设中国近代海军。而英国侵略者借机向中国输出船炮的同时，成立了一个“中英舰队”，任命英国皇家海军上校阿思本为舰队司令，而且规定：阿思本对舰队有完全指挥权。其目的正如英国学者季南指出的，“对英国说来，极重要的事情在于支配中国军事力量，特别是支配她的舰队”。所以，这一计划遭到曾国藩的强烈反对。他写信给总理衙门，坚决表示反对，认为洋人欺我之心昭然，且祸患无穷。他主张“赶紧拨给薪工经费，责成阿思本，迅速押带回国，并将狡狯异常之李泰国趁势革职，不准再干预中国事务”。在曾国藩等人的强烈反对下，英国企图控制中国军事的阴谋被彻底粉碎。

天津教案是同治九年(1870年)在天津所发生的一场震惊中外的教案。《望厦条约》和《黄埔条约》签订后，大批传教士深入中国内地传教。这些传教士与中国民众的冲突和误会时有发生，有时甚至发展成大规模的对抗，历史上将这种冲突称为“教案”，天津教案就是其中一起影响较大的教案。1870年四、五月间，天津民间开始传言教会以育婴堂为幌子，绑架、虐杀婴儿以作药材。这个消息传开后，民众十分激愤，反洋教情绪高涨。当时数千群众包围了教堂，与教民发生了争执和打斗。于是，法国驻天津领事丰大业出面要求总督崇厚派兵镇压，没有得到满意的结果。在前往教堂的路上，丰大业与天津知县刘杰争执中怒而开枪，打死了知县的仆人。民众激愤之下先杀死了丰大业及其秘书西门，杀死了10名修女、2名神父，以及2名法国领事馆人员、2名法国侨民、3名俄国侨民和30多名中国信徒，焚毁了法国领事馆、望海楼天主堂以及当地英美传教士开办的基督教堂。

6月24日，外国出动军舰逞威，双方形势紧张。当时朝廷中多数官员认为不要对其退让，然曾国藩考量当时局势，采取了羁縻的外交策略。他主张首先对英国、美国、俄国作出赔偿，以便能单独与法国交涉。随后他在调查后，确认育婴堂并无诱拐、伤害孩童之事，于是在法国的要求下，本着“但冀和局之速成”的方针，先后将为首的20名中国人处死，25人充军，并将天津知府张光藻、知县刘杰革职充军，发配到黑龙江，赔偿外国人46万两白银，并由崇厚派使团至法国道歉。这个交涉结果，朝野上下甚为不满，曾国藩也因此遭到国人的唾骂。

曾国藩的外交，过去多少年内一直被简单地认定为是妥协、投降的外交。人们对曾国藩常用“软弱”、“妥协”、“媚外”、“投降”、“卖国”等责骂之词，这未免有欠公允。因为曾国藩羁縻外交策略的宗旨，是对强敌权且笼络，以便争取一个和平环境，速图自强，最终达到御侮的目的。至于对天津教案的处理，曾国藩当时处于两难境地：如果打，必然失败，失败后损失更惨；要保和局，必然会遭到顽固派的打击，也不能消除天津人民的义愤，而且对于他本人来说，也是很不甘心的。他反复思考，冷静地分析局势，最后选择了保持和局。在当时的国际、国内形势下，这样选择是有其合理性的，因为只有这样才能避免一场新的战祸。而战祸的损失是远远大于天津教案带来的损失和屈辱的。

四、曾国藩的理学和文学造诣

曾国藩是近代“理学名儒”，他一生勤奋读书，推崇儒家学说，讲求经世致用的实用主义。作为封建末世的理学家，曾国藩兼收并蓄，其思想并不受程朱理学的局限，这使得他的理学具有不同于前儒的内容和特点，而且能提出一些有一定价值的命题或见解。

曾国藩在近代散文、诗歌史上也是一个重要的人物，在晚清文坛上具有很大的影响。曾国藩在继承桐城派方苞、姚鼐的基础上，形成了自己的独特风格，并创立了晚清古文中的“湘乡派”。曾国藩博采众长，兼收并蓄，冲破了桐城文统，开创出桐城古文的新局面，清末及民初的严复、林纾，以至谭嗣同、梁启超等人，都曾受到其文风的影响。

五、曾国藩的其他方面

以往人们在评论曾国藩的时候，更多注意的是他政治方面的成绩，很少注意其他方面。但是我们应该看到，其他方面既是他政治上的体现，也是影响他政治思想的重要方面。曾国藩曾在遗嘱中非常谦虚地总结自己说：“余通籍三十余年，官至极品，而学业一无所成，德行一无可许，老大徒伤，不胜悚惶惭赧。”①但是我们应当看到，他确实是一位在程朱理学方面造诣很深的大家。曾国藩凭着自己的努力，在为人处世、治国领军、持家教子上面取得了令人羡慕的成绩。

关于处世方面，曾国藩写过很多关于为人处世的家书，得到今天很多读者的关注。曾国藩曾为自己立下课程十二条：即主敬、静坐、早起、读书不二、读史、谨言、养气、保身、日知所亡、月无忘所能、作字、夜不出门。可见他对自己的日常修身和读书治学都有十分严格的要求。在他一生中，无论处于高峰，还是落入低谷，他都能保全自己。这主要源于他的两个信条：“打掉牙齿合血吞”，即人在低处时要有忍耐与坚毅的精神；“花未全开月未圆”，强调人在高处时，要保持谦虚和谨慎。曾国藩还每天记日记，对自己一天的言行进行检查、反思，即便身为军事统帅，每天在杀戮声中度过，他也依然每天反省自身。可以说，修身是曾国藩事业成功最重要的原因。

① 钱叔河：《曾国藩家书》，同治十一年三月八日，湖南大学出版社 1989 年版。

古人重交友，曾国藩也是如此，而且独具慧眼。他认为交友贵雅量，要“推诚守正，委曲含宏，而无私意猜疑之弊”，凡事不可占人半点便宜，不可轻取人财，要集思广益，兼听而不失聪，观人之法，以有操守而无官气、多条理而少大言为主。曾国藩善于识才、用才，一百多年来，这一点大家是没有任何异议的。曾国藩说，君子有三乐：读书声出金石，飘飘意远，一乐也；宏奖人才，诱人日进，二乐也；勤劳而后憩息，三乐也。曾国藩特别会辨人，尤善相士。李秀成的自述里说太平天国的失败是天王不识贤臣，而曾国藩的成功则是因为曾国藩善识人才。一方面，曾国藩对人才的重要性认识得非常透彻；另一方面，他是真正地爱才而又惜才。正因为如此，在镇压太平天国农民起义时，各路人才纷纷聚集于他的湘军大营。到过太平天国的容闳在描绘湘军大营人才盛况时说：“当时，各处军官聚于曾文正之大营中者不下两百人，大半皆怀其目的而来，总督幕府中亦有百人左右。幕府外更有候补之官员，怀才之士子，凡法律、算学、天文、机器等等专门家，无不毕集，几于举全国人才之精华汇集于此。”①在这些人当中，有宿学名流，有西学新人，也有为曾国藩镇压太平军立下汗马功劳的悍将……这些人都是晚清政治、文化界出类拔萃的人才。十几年内，湘军中有大量人员被曾国藩保举，升官到三品以上，其中提督、总兵也为数不少。

曾国藩在教子方面也取得了令人艳羡的成绩，这和他的言传身教是分不开的。曾国藩去世前留给子孙的遗嘱里，没有什么财产划分，有的只是自己对人生和生命的思考。“勤、孝、俭、仁、恒、谦”是曾国藩留给其后代的处世之道。通常说，富贵不出三代，但这条规律似乎并不适用于曾国藩的家族。据调查，曾国藩及其四兄弟家族，绵延至今，共出有名望的人才两百余人，没有一个纨绔子弟。他的儿子曾纪泽是晚清著名外交家，曾主持收回伊犁的谈判，从沙俄手中夺回了伊犁城，这是清末外交史上少有的一次胜利。他的另一个儿子曾纪鸿喜爱自然科学，精通天文、地理，尤精代数，著有《对数详解》、《圆率考真图解》，还计算出100位的圆周率。曾国藩的孙辈还出了些很有名气的诗人、教育家、学者等。

六、曾国藩的整体评价

近现代许多名人都对曾国藩进行了高度评价。中国第一个留美博士，大清

① 容闳：《西学东渐记》，中州古籍出版社1998年版，第135页。

驻美公使容闳《西学东渐记》中评价曾国藩说："曾文正为中国历史上最著名人物，同辈莫不奉为泰山北斗。……文正一生之政绩，实无一点污点，其正直、廉洁、忠诚诸德，皆足为后人模范。故其身虽逝，而名足千古。其才大而谦，气宏而凝，可称完全之真君子，而为清代第一流人物。"①曾国藩去世后，左宗棠对曾国藩的挽联是："知人之明，谋国之忠，自愧不如元辅；同心若金，功错若石，相期无负平生。"吴永《庚子西狩丛谈》记载李鸿章评价其师说："我老师文正，那真是大人先生。现在这些大人先生，简直都是秕糠，我一扫而空之。"②

梁启超对曾国藩推崇备至，他在《曾文正公嘉言钞》的序言内，这样称赞曾国藩："岂惟近代，盖有史以来不一二睹之大人也已；岂惟我国，抑全世界不一二睹之大人也已。然而文正固非有超群绝伦之天才，在并时诸贤杰中，称最钝拙；其所遭值事会，亦终生在指逆之中；然乃立德、立功、立言三不朽，所成就震古铄今而莫与京者，其一生得力在立志自拔于流俗，而困而知，而勉而行，历百千艰阻而不挫屈，不求近效，铢积寸累，受之以虚，将之以勤，植之以刚，贞之以恒，帅之以诚，勇猛精进，坚苦卓绝……"③这段话对曾国藩一生的影响及其取得成功的原因进行了精辟的分析和概括。

蔡锷将军对曾国藩的治兵思想甚为赞赏，他说："带兵如带子弟一语，最为慈仁贴切。能以此存心，则古今带兵格言，千言万语皆付之一炬。"陈毅元帅认真研究过曾国藩的军事思想，直截了当地指出："曾国藩用兵很有一套，在军事上很值得研究。"

中国现代史上两位著名人物毛泽东和蒋介石都高度评价过曾国藩。毛泽东在青年时期，曾潜心研究过曾氏文集，并说："愚于近人，独服曾文正。"即使在晚年，他还曾说，曾国藩建立的功业、文章和思想，都可以为后世取法。蒋介石对曾氏更是顶礼膜拜，他一生推崇、学习、效法曾国藩。他把《曾胡治兵语录》当作教导高级将领的教科书，自己又将《曾文正公全集》常置案旁，终生拜读不辍。

国民政府驻苏联大使、著名学者蒋廷黻在其《中国近代史》一书中说："曾国藩是我国旧文化的代表人物，甚至于理想人物……在维持满清作为政治中心的大前提下，曾国藩的工作分两方面进行，一方面他要革新，那就是说，他要

---

① 容闳等：《西学东渐记》，岳麓书社 1985 年版，第 107-108 页。

② 吴永：《庚子西狩丛谈》卷 4，岳麓书社 1985 年版，第 108 页。

③ 梁启超：《曾文正公嘉言钞 · 序》，上海商务印书馆 1925 年版，第 1-2 页。

接受西洋文化的一部分，另一方面他要守旧，那就是说，恢复我国固有的美德。革新和守旧同时举行，这是曾国藩对我国近代史的大贡献，我们至今还佩服曾文正，就是因为他有这种伟大的眼光。”①

以上近现代名人对曾国藩的评价，基本上都是肯定的。不过，他们所肯定的是曾国藩在治军、修身、处世等方面的成绩。而我们对曾国藩的评价不能仅仅看到这些方面，还要看到其他方面。要对他作出客观而全面的评价，必须衡量他的思想、理论与实践是否有利于社会历史的发展与进步，他是否比他的前辈向社会提供了更多的东西。

基于这种观点，可以认定：曾国藩镇压了太平天国农民起义，历史假他之手对南北两个封建政权进行了选择。他发起了洋务运动，使中国历史发展与世界近代化趋势合流。曾国藩始终有一颗忧国忧民之心：他创办洋务，成为洋务运动早期领袖；著作丰富，可称之为著名学者、理学家；治军有方，可与古代兵家相媲美；拥兵而不自重，足见道德修养之深厚；吏治清廉，教养兼施；治家有道，关怀子弟。总之，曾国藩是晚清中兴名臣，从总体上讲，其历史地位应划在近代进步的爱国人物之中。

◎参考书目

1. 唐浩明：《曾国藩》，人民文学出版社 2013 年版。
2. 朱东安：《曾国藩传》，四川人民出版社 1985 年版。
3. 黎庶昌：《曾国藩年谱》，岳麓书社 1986 年版。
4. 曾国藩：《曾国藩家书家训日记》，北京古籍出版社 1994 年版。
5. 马东玉：《曾国藩本传》，辽宁古籍出版社 1997 年版。
6. 萧一山：《曾国藩传》，台湾商务印书馆股份有限公司 2013 年版。

① 蒋廷黻：《中国近代史》，商务印书馆 1939 年版，第 52 页。收入《民国丛书》第二编第 75 册，上海书店 1990 年影印本。

第四章 李 鸿 章

◎**学习提示：**李鸿章是继曾国藩之后的又一位清朝忠臣，官至直隶总督、北洋大臣。他训练淮军，镇压过太平天国农民起义；之后又投身于洋务运动，成为清朝后期的洋务重臣。他所办的洋务范围之广，数量之多，没有人能比得过。他的活动，极大地推动了中国近代社会的转型。然而，他一生的外交活动，却让其至今难以洗清卖国贼的罪名。

李鸿章，因参与签订了近代史上的诸多不平等条约，被人们称为“投降派”和“卖国贼”的典型代表，以至于今天，他也难以洗脱罪名。但是，李鸿章又因参与了一系列的近代化运动，所以被一部分人称为“爱国者”，是“晚清近代化事业的主要开创者”，是“一代先进知识分子的凝聚中心”。那么，李鸿章究竟是“爱国”还是“卖国”呢？对于李鸿章的评价，我们还是要将其放到历史的长河中，放到他所处的时代中，进行具体的分析。

李鸿章（1823—1901），安徽合肥东乡人，本名铜章，字渐甫，号少荃（泉），去世后谥为“文忠”。李鸿章的一生，大致可以分为两个时期，前期主要从事军事活动，后期主要从事洋务和外交活动。

一、镇压农民起义

李鸿章6岁开始读书。1843年参加顺天乡试，一举中试，时年20岁。初次会试落榜后的李鸿章即以“年家子”身份，投帖拜在湖南大儒曾国藩门下，学习经世之学，奠定了他一生事业和思想的基础。1847年，李鸿章考中丁未科二甲第十三名进士。

中进士后的李鸿章先是被授予庶吉士，他学习十分刻苦勤奋，曾得到皇帝的赞赏，之后入翰林院，任正七品编修。太平天国起义事起，咸丰一口气任命了43名“团练大臣”去各地办团练，其中就有李鸿章。回到家乡后不久，李鸿章便率千余名兵勇在巢湖一带和太平军打了第一仗。巢湖一役，使李鸿章立刻得到朝廷的蓝翎赏赐，级别也从七品升至六品。而后，他又在与太平军对峙中升至四品。李鸿章三年内连升三级。树大招风，加上他以一介书生从戎，无兵、无饷、无权，军旅知识还是有所缺乏，他自感如此难以成就大事，因此于1859年离开家乡，到湖南投奔老师曾国藩，这是李鸿章走上显赫人生道路的开始。在曾国藩的教导和重用下，李鸿章的才能和抱负开始得以充分施展。

1861年下半年，太平军直逼杭州、上海。上海自开埠以来，华洋杂处，富庶繁华，有“天下膏胶”之称。上海受到太平军威胁，官绅们惊恐万分，他们以月军饷高达60万银两的条件来到湘军大营，请求曾国藩派兵保卫。这笔军饷对经费自筹的湘军来讲确实是不小的诱惑。然而去防卫上海无异于将自己置于太平军的范围，孤军作战，凶多吉少，因此无人敢去。同时，曾国藩正倾全力围攻“天京”，又无兵可分，于是拒绝了上海官绅的请求。来者知道李鸿章是曾国藩的得意门生，就对其“晓之以理，动之以利”，李鸿章觉得可为，于是力劝曾国藩防卫上海。曾国藩也意识到兵饷的重要，同时也想借此争得江苏巡抚重要职位，于是决定派兵防卫上海。经考虑，曾国藩决定由曾国荃为主帅、李鸿章为辅帅领兵援沪。

之所以要派李鸿章前去辅佐曾国荃，是因为湘军此时围困“天京”很难大量分兵，且湘军素来只招湖南人，长期征战，兵源已吃紧，而曾国藩早就认为徐、淮一带民风强悍，可招募成军以补湘军之兵源不足。李鸿章是安徽人，又是他久经历练的“门生”，自然是回安徽募兵援沪的最佳人选。李鸿章自然也很高兴，他早就想“自立门户”，这对他来说当然是一个很好的机会。回乡后的李鸿章通过种种渠道招兵募勇，短短两月之内就组建起一支有几千人之众、以湘军为“蓝本”的军队——淮军。

在一切准备就绪后，曾国荃却因一心想获得夺取天京的首功，所以无论曾国藩怎么催促，他都迟迟不动身。曾国藩只得改变计划，仅派李鸿章率淮军前往。1862年4月初，在曾国藩湘军的支援下，李鸿章率刚刚练成的淮军顺长江东下开往上海，从大清军队占据的长江上游往下游开进。沿线全是太平军的营垒，水陆通道均已被严密封锁，上海方面冒险开来雇佣洋人轮船公司的七艘庞大的洋船鸣着汽笛顺流而下，太平军怎么也没想到上面坐了万余名清军。李鸿章的淮军在太平军的地盘上大摇大摆地行驶了整整三天，在未发一弹的情况下，成功地完成了千里大穿越，这也显示了李鸿章过人的胆识和魄力。由于曾国藩的保举，到达上海的当月底，李鸿章就奉命署理江苏巡抚，几个月后实授江苏巡抚兼通商大臣。虽然从官制上说仍是两江总督曾国藩的属下，但李鸿章已摆脱了“幕员”身份，开始成为朝廷的一员大臣。

在防卫上海的过程中，李鸿章由“辅”到“主”的身份变化，可以说是改变他一生命运的关键一步。欲成大事，则不能昧于大势。近代中国的历史发展证明：上海在近代中国的地位越来越重要，谁能掌控上海，谁就财大气粗；“洋人”在中国政治中起的作用越来越重要，谁能与“洋人”打交道，谁就举足轻重。正是在防卫上海的过程中，李鸿章开始了直接与“洋人”打交道的漫长生涯，后来也因此在政坛上超过“湘系”，成为近代中国最重要的权臣。显然，当时“防卫上海”要比争得“克复天京”的“头功”重要得多。可惜，曾国荃昧于大势失此“良机”。1864 年夺下“天京”后，曾国荃不仅没有得到朝廷的奖赏，反而遭到严厉斥责。朝廷降谕曾国藩追查天京金银下落，就是在这次谕令中，朝廷对曾国荃毫不客气，点名痛责。但正是曾国荃对历史大势的短视无知，恰恰成就了李鸿章日后的“宏图伟业”。

太平天国运动被镇压后，捻军继续活跃于鄂、豫、皖地区，声势不断发展壮大，清廷于是急命两江总督曾国藩带兵剿捻。太平天国首都天京被攻克后，曾国藩自削湘军，所以此次剿捻曾国藩多调用淮军。剿捻多日无功，再加上防守沙河的策略的失败，曾国藩被迫称病请求卸任。1866 年 11 月，清廷任命李鸿章为钦差大臣，令其督办山东等省军务，统帅湘淮各军剿捻，命曾国藩仍回两江总督本任。此后，李鸿章用了不到两年的时间，便取得了剿捻战争的胜利。清廷因功赏给李鸿章太子太保、协办大学士、湖广总督的头衔，命他入觐京师，同治皇帝和两宫皇太后首次接见了他，还赐予他在紫禁城骑马的殊荣。此时的李鸿章，已和他的老师曾国藩一样入阁拜相，成为清政府中枢机构的重要成员了。1870 年，李鸿章担任最重要的总督——直隶总督兼北洋大臣，负责京津地区的军事、行政、外交、通商等事务，成为清政府举足轻重的人物。1874 年，又兼任文华殿大学士。清政府实行严格的满汉畛域划分，李鸿章能够在这样一个环境中获得这么高的职衔，可见他的才能的确很不一般。

二、洋务重臣

“洋务”是指清朝与西方人和一切西方事物打交道的一个专用名词。19 世纪下半叶，李鸿章创办了一系列近代军事和民用工业。后人曾说，如果要给李鸿章作传，则不得不以“洋务”二字，总括其 20 余年之事业。著名学者蒋廷黻在《近代中国外交史资料辑要》序言中说：“李是这一时期的中心人物。中国历史上的伟人有几个能与他比？哪一个创办了像他那样多的事业？直到现在——他死了已经三十三年——中国最大的海军是他办的，最早开的新式煤矿是他开的，最早筑的铁路是他筑的，最早安的电线是他安的，最早办的纱厂是他办的，招商局是他提倡的。”①由于李鸿章的主持和参与，洋务派创造了中国近代新事物中的多个第一。

1. 军事工业

早在与太平军作战的时候，李鸿章就对外国的科学技术和国内的经济活动产生了极大的兴趣，认为师夷长技方能自强。于是，他开始推行以学习西方科学技术为目标的富国强兵之策，着手创办军事工业。1863 年，李鸿章利用上海富绅的银两，引进洋人的机器设备，在松江办了一个洋炮局，后来又在上海办了两个洋炮局，通称“上海炸弹三局”。1865 年，在上海创办了江南制造总局。该厂的主要产品为枪支、弹药、大炮、船只、钢铁和机器等。1863 年，马格里主持的洋炮局随李鸿章迁往苏州，改称苏州炮局。两年后，李鸿章把苏州炮局迁至南京，并加以扩充，建立了金陵制造局。金陵制造局的产品主要是大炮和弹药，也曾造过两艘小轮船。在中法战争和中日战争中，该厂曾日夜加班，扩大生产，发挥了其应有的作用。1870 年，李鸿章还接办了天津机器局，先后增设了洋枪厂、枪子厂等，主要生产枪弹火药，以及地雷水雷，还制造各种军用器具，如炮车、炮架等。1887 年，又兴建栗色火药厂，制造最新式的火药。

2. 北洋水师

李鸿章一生最大的“功业”就是办洋务，其中他费了很大心力去做的就是组建北洋水师。北洋水师的组建，奠定了中国近代海军的基础。

早在明末清初，中国就频频遭遇到海上的威胁，但海防的重要性一直没有得到重视。直到 1874 年日本“侵台事件”发生后，李鸿章深受刺激，向清廷递呈《筹议海防折》，建议组建近代海军，强化海疆防御。经过十年努力，清政府分别建立了北洋水师、南洋水师和福建水师，这样，中国近代海军初具规模。清政府总计花费了上亿两白银用于北洋水师的建设，它的舰船大多数购自西方，其中向德国定造了“定远”、“镇远”、“来远”、“经远”四艘军舰，向英国定购了“致远”和“靖远”两艘军舰。到 1888 年，北洋舰队已经拥有大小舰艇 25 艘，官兵 4000 人，同时还在威海修建了船坞、港口、炮台等，成立了北洋水师提督衙门。北洋舰队的实力，在当时居于亚洲首位，世界第九位。

---

① 蒋廷黻：《近代中国外交史资料辑要》，上海商务印书馆 1932 年版。

但是在甲午海战中，北洋舰队却不堪一击，结果全军覆没。失败的原因，学者们有诸多的分析，包括训练无素，设备太差。北洋水师前期的训练由朗威理负责，比较严格，后来朗威理离开后，北洋水师的训练日渐松散；同时由于清政府内部腐败，用于购买军械的经费遭到克扣或官员从中分成，所以造成战争中很多炮弹有弹无药不爆炸的情况。如在丰岛海战中，济远舰发射的炮弹击中日舰速度最快的吉野号右边船舷，穿透钢甲，坠入机舱的防护板上，然后又跌入机舱里，可是这样居然没有爆炸。北洋水师之败，作为最高指挥官的李鸿章负有很大的责任。首先是李鸿章的"弃战保船"战术不当。北洋水师是李鸿章花费数年心血建设而成的，在一定程度上他已将舰队视为自己的私人武装，他不希望舰船受到伤害，然而愚蠢的"弃战保船"非但未能保住船，反而使舰队在威海港内束手待毙。此外，李鸿章用人不当，也是甲午海战失败的一个原因。如甲午海战中的陆军统帅叶志超贪生怕死，临阵脱逃；水师提督丁汝昌是陆军出身，不熟悉海战，李鸿章虽知道不能用陆军将领带海军，但是由于二者的私人关系，他还是把丁汝昌纳入了首领地位，这对作战显然是不利的。

当然，甲午海战的失败不能完全归咎于李鸿章一个人，其最根本的原因还是大清制度的腐败。自上而下的全面腐败，使得本用于海军装备的钱，都用到皇家的享乐上了。北洋海军成立后，就再也没有增加新的舰船。中国只有李鸿章等少数人重视海防，而此时的日本，上至天皇，下至普通百姓，均重视海防，所以梁启超说甲午战争是李鸿章"以一人而敌一国"，岂有不败之理？在《中国四十年来大事记》中，梁启超有段耐人寻味、至今对知识分子仍有警醒作用的话。他说："若夫吾人积愤于国耻，痛恨于和议，而以怨毒集于李之一身，其事固非无因，然苟易地以思，当夫乙未(1895年)年二三月、庚子(1900年)年八九月之交，使以论者处李鸿章之地位，则其所措置果能有以优胜于李乎，以此为罪，毋亦旁观笑骂派之徒快其舌而已"，"中国俗儒，骂李鸿章为秦桧者最多焉。法越、中日两役间，此论极盛矣。出于市井野人之口，犹可言也，士君子而为此言，吾无以名之，名之曰狂吠而已。"①

北洋水师虽然在甲午海战中未能充分发挥实效，遭遇惨败，但它在一定程度上还是抵御了外侮。北洋水师的建立，加强了近代海防建设，加快了中国近代海军建设的进程。

① 梁启超：《中国四十年来大事记》，岳麓书社2010年版。

3. 民用工业

从19世纪70年代起，以李鸿章为代表的洋务派又提出“寓富于强”的口号，创办了一批近代民用企业，包括采矿、冶炼、纺织等工矿业以及航运、铁路、邮电等交通运输业。其中轮船招商局、开平矿务局、上海机器织布局、漠河金矿等规模较大，也较有成效。轮船招商局的建立，改变了运输利润尽为洋人垄断的状况，是中国第一家民营轮船公司，它承揽了朝廷“官物”运输一半的运量，而其随后展开的客运业，竟挤垮了英美合办的旗昌公司。开平煤矿是中国最早使用机器采煤的大型矿区，所产的煤，除供应各机器局、中外轮船之用外，还可以供应内地民间之用。上海机器织布局是中国第一家机器棉纺织工厂，意义重大。

中国的铁路建设经历了艰辛的过程。1865年和1876年，美国商人和英国商人分别在北京和上海建设了两条铁路。由于在当时许多中国人看来，西方的“奇技淫巧”有害无益，所以后来这两条铁路都遭到拆毁。从19世纪60年代起，李鸿章一直坚持应由中国人来修铁路，不能让外国人攫取铁路修筑权。他多次建议清政府修铁路，没有结果。1876年，开平矿务局成立，出于运煤的考虑，又再次奏请清廷批准修筑芦台至唐山之间的铁路，此举立即遭到顽固派大臣的反对。1881年，李鸿章又奏请修筑铁路，并特别强调用驴马拖载煤车前行，才得批准。1887年，李鸿章又将这条铁路的两端分别延长，这是第一条由中国人自己修建成的铁路，设计者是英国工程师。这样从1881年至甲午中日战争前，李鸿章主要依靠中国自身的力量，在北方修建了300多公里铁路，而且竭尽所能地让铁路所有权、经营权和管理权全部属于中国，不让外国人插手。然而在当时的中国，保守势力反对修造铁路的呼声甚嚣尘上，他们说“看到电杆而伤心，听说铁路而掩耳”。在这样的背景下倡导和修建铁路，足见李鸿章的远见卓识和追求新事物的勇气。

在中国开设电报业务，李鸿章也是遭遇了阻力的。当洋人在中国架设电报线时，大清国朝野上下无不惊慌失措，以为“电报之设，深入地下，横冲直撞，四通八达，地脉既绝……”李鸿章知道电报业蕴藏着极高的军事和民用价值，1879年冬，他在大沽、北塘海口炮台间架起电报线以通天津，从此中国有了自己的电报。至1894年，沿海各地和内地各主要城市之间陆续建成了电报联系，并成立了电报公司。

可以说，从1872年到1895年，清朝有关洋务事宜，绝大部分都是李鸿章操办的。纵览李鸿章一生的成就，其办洋务涉及范围之广，项目之多，规模之大，当时实无人能出其右。

综上所述，李鸿章创办的洋务项目包括：

军事方面：编练淮军，建立北洋舰队及军港要塞；

工业方面：创办江南制造总局，金陵机器局，天津机器局、上海机器织布局等；

矿务方面：创办开平煤矿，漠河金矿等；

交通方面：创办轮船招商局，建设铁路等；

电信方面：设立天津电报总局，分局遍及全国各地；

教育方面：创办天津水师学堂及天津武备学堂等，设立广方言馆，多次派遣留学生出国深造。

三、外交大臣

大清国没有“外交”的概念，所有的外事统统称之为“洋务”。洋务运动的首领李鸿章不可避免地成为了大清国的“外交家”。历史上李鸿章签订过大约30多个条约，除了1871年的《中日修好条约》等少数平等条约外，大部分是不平等的。

1. 签订《马关条约》

甲午海战失败后，朝廷派他去马关代表清政府进行战后谈判，双方进行了数次谈判。有学者翻阅了整个谈判过程中李鸿章和清廷之间的往来电文，发现李鸿章在谈判中无论大事小事，都用电报向朝廷详细汇报和请示，但朝廷的回电冗长而虚空，全是模棱两可的空话，既没有说接受，也没有说不接受。同时谈判中所谓“商让土地”即割地之权，也是早经清廷授予的。至于赔款数额，根据甲午战争史权威戚其章先生的研究，说当年清朝驻日使馆发送电报的密码在1892年到1893年左右，也就是甲午战争前一两年被日本情报机关破译。李鸿章赴日谈判时，日方对光绪和李鸿章之间的联系了如指掌，对光绪给李鸿章的赔款2亿两白银的底线也十分清楚，李鸿章在谈判桌上无论如何努力也都无济于事。1895年4月17日，李鸿章和日本人签订了丧权辱国的《马关条约》。“四万万人齐下泪，天涯何处是神州。”李鸿章回国后，立即发现自己成为朝野人士同声谴责的卖国贼和“公敌”：朝廷斥责他办事不力，官员说他丧权辱国，民间暗示他拿了日本人的银子，更有不少人甚至公开声明，要不惜一切手段杀了李鸿章，以雪心头奇耻大辱。因此李鸿章不得不上奏光绪皇帝，称自己“实无能为力”。

2. 签订《中俄密约》

因签订《马关条约》而被免去显赫职务的李鸿章，赋闲在京城贤良寺。1896年，俄国沙皇加冕，朝廷再次派李鸿章前去。李鸿章此去俄国，还有一个重要目的，即与俄国结盟。“联俄拒日”是甲午之后大清国朝廷中的主流认识。大家认为，威胁大清国的国家以日本为最，日本企图占领东北的野心积蓄已久，而俄国因为与大清国东北接壤必最不愿意。李鸿章后来与俄国人签订了《中俄密约》，其要点是：中俄两国针对日本的军事威胁结成互相援助的军事联盟；俄国在中国东北地区铺设铁路，与俄国横穿西伯利亚的远东铁路接轨。然而，铁路的延伸正是俄国扩张领土的主要手段。在中国境内修建铁路，一旦“路权”模糊不清，俄国人就会有理由在铁路沿线派驻武装。李鸿章意识到了，于是他坚决反对俄国以官方的名义投资铁路，而坚持用私人投资的方式，以将铁路的修建变成商业行为。李鸿章以为《中俄密约》可保大清国20年无事，然而仅仅4年之后，最先攻破大清国都城第一道城门东直门的正是俄国人！紧接着，俄国人还胁迫大清政府将“东三省永远归俄国所有”。李鸿章“以夷制夷”的梦破灭了。

3. 签订《辛丑条约》

19世纪末，西方很多国家相继进入了资本主义社会，也都加入了侵略的行列。1900年，八国联军侵华，大沽炮台失守，天津陷落，距北京仅20公里的通州告急，朝廷要求南方各省封疆大臣率兵北上共同灭洋。南方诸省官员李鸿章、刘坤一、张之洞等思虑良久，认为，“若不量力而轻于一试，恐数千年文物之邦，从此已矣”，于是1900年6月，英美帝国主义与清南方各省督抚达成“东南互保”协议，规定上海租界归各国共同保护，长江及苏杭内地均归各省督抚保护。李鸿章给朝廷回电中称“粤不奉诏”，不北上救驾。

大清国都城沦陷，光绪和慈禧逃往西安。事件发生之前，朝廷电报一封接一封地到达南方，要求李鸿章北上与洋人议和。同时将李鸿章由两广总督重新调任为大清国封疆大臣中的最高职位：直隶总督兼北洋大臣。慈禧的最后一纸任命是：着李鸿章为全权大臣。已77岁的李鸿章只得再次北上。11月初，联军照会李鸿章和庆亲王，提出议和谈判的六项条件：惩办祸首；禁止军火输入中国；索取赔款；使馆驻扎卫兵；拆毁大沽炮台；天津至大沽间驻扎洋兵，保障大沽与北京之间的交通安全自由。这六项条件严重侵犯大清国国家主权，李鸿章悲哀地意识到自己根本无法结束大清国的厄运。经过数月努力，最终签订了《辛丑条约》，主要内容包括：赔款白银4.5亿两，分39年还清，年息4厘，本息共计9.8亿两，以海关税、常关税和盐税作担保；北京东交民巷划定为使馆区，成为“国中之国”，在区内中国人不得居住，各国可派兵驻守；拆炮台、驻军队；胁迫清政府承诺镇压反帝斗争；对德、日“谢罪”。因为“议和大纲”既没有将慈禧列为祸首，又没有让她交出权力，慈禧很高兴，于是朝廷给李鸿章回电：“敬念宗庙社稷，关系至重，不得不委曲求全。”1901年9月7日，李鸿章和庆亲王代表大清国在“议和大纲”上签字。国人则立刻指责道：“卖国者秦桧，误国者李鸿章！”

人们视李鸿章为“卖国贼”，多是从痛恨不平等条约丧权辱国的情感出发的；而否认李鸿章是卖国贼，主要是说“弱国无外交”，李鸿章作为一个弱国的政治代表，他的外交活动势必受到极大的制约，我们不能要求李鸿章做他无法做到的事情。然而在古今中外的历史上，也有弱小国家和民族在爱国主义和民族精神的激励下，团结抗争，以小胜大，以弱胜强的事例，即使有些斗争失败了，但抗争者的精神，依然可以激励后来者。

四、李鸿章的性格

苑书义曾在《李鸿章历史定位论纲》一文中总结李鸿章的独特性格特征：一曰“拼命作官”；二曰“不学无术”；三曰“恃才傲物”；四曰“好以利禄驱众”。① 另外李鸿章本人爱国，但他更爱财。李鸿章后半生执掌国家外交、洋务大权三十余年，在为国家办事的同时，也为自己聚敛了巨大的财富。《合肥地方志》记载，合肥东乡半数以上的田地和房屋都成了李氏的私产。死后，其子在东郊大兴集建起了一座规模宏大的“享堂”。李家至今保存着李鸿章去世后其子孙遗产分配的合同。合同中提到李家在合肥、巢县、六安、霍山都有大量田产，在扬州有当铺，在庐州府、江宁、扬州、上海等地有大批房产。李家加入到发洋务财事业里的人数达200多人。根据合肥李府管事的记载，李鸿章家族拥有的良田数目为257万亩。他临死前大约有合5亿多美元的个人财产。再看看清朝官员的工资情况。《大清会典》卷二一“文职官之俸”条云：“一品岁支银一百八十两，二品一百五十两，三品一百三十两，四品一百零五两，五品八十两，六品六十两，七品四十五两，八品四十两，正九品三十三两有奇，从

① 苑书义：《李鸿章历史定位论纲》，《光明日报》2004年01月13日。

九品、未入流三十一两有奇。”此为基本工资，称“正俸”。而“京员（中央机关和京城地方官员）例支双俸”，即在基本工资之外加发同样数目的津贴，称“恩俸”。此外，“每正俸银一两兼支米一斛，大学士、六部尚书侍郎加倍支给”，称“俸米”。三者相加，就是清朝官员的工资了。如果我们将李鸿章生前累积的大量财富与清朝官员的工资制度稍加对比，那么李鸿章是个贪官就毫无疑问了。

五、评　论

李鸿章去世前曾留下这样的遗诗：“秋风宝剑孤臣泪，落日旌旗大将坛。海外尘氛犹未息，诸君莫作等闲看。”当时人曾用“权倾一时，谤满天下”来形容李鸿章。梁启超在《李鸿章传》中称：“李鸿章必为数千年中国历史上一人物，无可疑也。李鸿章必为十九世纪世界历史上一人物，无可疑也。”同时梁启超也说：“今日举朝二品以上之大员，五十岁以上之达官，无一人能及彼者。”张之洞对李鸿章的评语是：当时朝廷内外对西方军事、内政和外交“稍知之者，惟一合肥（李鸿章），国家不用之而谁用乎”？① 日本人对李鸿章的评价是：知西来大势，识外国文明，想效法自强，有卓越的眼光和敏捷的手腕。美国人的评价是：以文人来说，他是卓越的；以军人来说，他在重要的战役中为国家作了有价值的贡献；以从政来说，他为这个地球上最古老、人口最多的国家的人民提供了公认的优良设施；以一个外交家来说，他的成就使他成为外交史上名列前茅的人。

20 世纪 50 年代至 70 年代，大陆史学界对李鸿章及洋务运动的评价都持否定态度。而海外和台湾学者则普遍认为，李鸿章基本是一个值得肯定的人物。刘广京《李鸿章评传》中认为，李鸿章提出的革新方案是相当温和的，同西方及日本的“国家建设”比较，显然缺乏近代化的总体方案。但李鸿章不仅提倡近代军事工业，而且鼓励中国商人同西方商行的竞争，同时还是清朝高级官员鼓吹官办学校教授西方数学和科学的第一人。② 到 80 年代，李鸿章研究成为中国大陆近代史研究的热点和突破口。戴逸在《李鸿章全集》编委会首次会议上的讲话中认为，李鸿章是近代强国富民道路的探索者之一，他所从事的

---

① 《谭嗣同全集》，中华书局 1981 年版，第 158 页。

② ［美］刘广京、朱昌峻编，陈绛译校：《李鸿章评传：中国近代化的起始》，上海古籍出版社 1995 年版。

洋务运动，也是一种尝试和探索。陈旭麓著文认为，李鸿章是洋务运动的主要代表人物，是19世纪后期那个特定时期的开拓性人物；另一方面，李鸿章毕竟还是属于封建“体”里面的人，他本身并没有超过这个“体”，只是从封建的“体”里绽开一个缺口，迈开了中国近代化的关键一步。① 夏东元《洋务运动史》中认为，李鸿章一生忠心耿耿于清王朝，所以他积极办洋务以使其臻于富强。他的一切活动和他所拥有的军事力量和经济实力，均是以维护清朝为准绳，但他唯恐这些实力不能平内患，不能御外侮，所以他对外的总倾向是“和为贵”。②

李鸿章为大清国国计民生和近代化所奠基的所有事业，令他身后的国人一直在受益。他是对中国近代化产生了至关重要影响的洋务运动的中坚。但是，李鸿章一生所从事的另一种“洋务”，却使他在生前和身后招致众多的痛骂，那就是他的外交活动。

随着近年来海内外研究的进展，学术界对李鸿章在近代化建设方面做出的努力和取得的成效基本上是肯定的。目前争议比较多的就是他的外交活动。梁启超在《李鸿章传》中有一段话值得我们深思，他说，“天下惟庸人无咎无誉”，“其为非常之奸雄与为非常之豪杰姑勿论，而要之其位置行事，必非可以寻常庸人之眼之舌所得烛照而雌黄之者也。知此义者可以读我之‘李鸿章’”。对于李鸿章的评价，必须将其放在具体的历史背景下进行具体分析。

李鸿章因镇压太平天国农民起义而起家，一生创办了诸多洋务，推动了中国社会从传统向近代转型；签订一系列不平等条约，加速中国向半殖民地沉沦。他是腐朽王朝的忠臣，他把自己和清王朝的关系形象地比作裱糊匠和破屋，裱糊匠只会修葺而不知改造破屋，等到破屋已无法修补时，裱糊匠也只能仰天长叹。

◎参考书目

1. [美]刘广京等编，陈绛译校：《李鸿章评传：中国近代化的起始》，上海古籍出版社1995年版。

2. 陈旭麓：《李鸿章与中国近代化》，载《思辨留踪》，华东师范大学出版社1997年版。

3. 苑书义：《李鸿章传》，人民出版社2004年版。

4. 梁启超：《李鸿章传》，华东师范大学出版社2015年版。

① 陈旭麓：《李鸿章与中国近代化》，载《思辨留踪》，华东师范大学出版社1997年版。

② 夏东元：《洋务运动史》，华东师范大学出版社2010年版。

第五章 张之洞

◎**学习提示**：张之洞出生于官宦家庭，自幼就接受了良好的教育。他在科举考试中十分顺利，每考每中，得中探花，被直接点翰林。之后他的第一份工作，是和教育及人才选拔有关的“学官”，从此便与中国近代教育结下了不解之缘，并极大地促进了中国近代教育的转型与发展。张之洞在学官生涯结束后回京，加入北派清流，成为其中的一员健将。1882年起，历任山西巡抚、两广总督、两江总督、湖广总督。在任期间，他大办洋务，内容涉及范围广，规模和影响也大，尤其是他在湖北新政期间的活动，成效显著。然而事与愿违，他的所有这些努力，最终为近代革命在武汉的成功准备了基础。维新运动中他也一度和维新派走得很近，他也曾参与近代的东南互保事件。他一生熟谙官场规则，既想做事又想做好官，对中国社会的近代化发展做出了突出的贡献，至今人们对他在兴学育才和洋务活动方面的贡献都是基本肯定的。

20世纪50年代，毛泽东在回顾中国民族工业的发展历程时曾多次说过，有四个近代人物不应忘记，讲重工业不能忘记张之洞，讲化学工业不能忘记范旭东，讲交通运输不能忘记卢作孚，讲轻工业不能忘记张謇。

张之洞是中国近代史上具有重大影响的人物，在晚清政坛上活动了四十多年，大凡重要事件都留下了他的身影和足迹。时人说：“不论南皮之真价如何，而光宣四十年间之史迹，与此老之生平，皆可跃现矣。”①的确，无论是在政治、经济、军事方面，还是在思想、文化方面，张之洞都是一位举足轻重人物。政治上，他先以清流健将而名噪朝野，外任封疆后向洋务派转化，中法战争、中日甲午战争中力主抗战保台，战后支持参与维新运动，义和团运动时期策划“东南互保”，辛丑后又充当了清末政治改革的主角。经济上，他大力兴办洋务，创建了一批重要军事、民用工业，是中国近代钢铁工业的奠基人。军事上，他先后创建的近代化的自强军和湖北新军。思想文化上，他是晚清著名

① （清）黄濬：《花随人圣庵摭忆》，上海古籍书店1983年版，第258页。

的教育家，兴办了许多书院、学堂，倡导出国留学，参与制订了“癸卯学制”，又奏请废除科举制；他还撰写了《劝学篇》，系统阐释了“中学为体、西学为用”的文化观。

张之洞在世时，人们就对他褒贬不一、毁誉参半。近百年来，对他的研究历久不衰，迄今学界对他的评论已取得了许多共识。譬如，学界摒弃了以往视他为洋奴、卖国贼的错误看法，基本肯定了他的洋务活动和兴学育才的贡献，并把他的活动同近代化联系起来。

一、张之洞生平

张之洞(1837—1909)，字孝达，号香涛，天津府南皮县(今河北省南皮县)人。1837 年 9 月 2 日(清道光十七年八月初三)，生于贵州省之兴义府，其父张瑛，时任兴义府知府，其母朱氏为继室。张瑛共有 6 子，张之洞排行第四。

张之洞自幼接受儒学熏陶，4 岁入塾，8 岁已读完四书五经。11 岁时，张之洞就学于其父挚友胡林翼、韩超，受益殊多。其时，张之洞在贵州文童中颇负盛名，已被列为全省学童之冠。1849 年，张之洞随其兄长由贵州兴义返回直隶南皮老家应童子试，翌年入县学为秀才。3 年后，张之洞参加顺天府乡试，得中解元，“一时才名噪都’，时年仅 15 岁。1856 年，因其父在贵州病故，张之洞只得在籍服孝守制。1859 年，张之洞守制期满，本打算赴京会试，因其族兄张之万为同考官，按清律例应回避，只得仍留家乡举办团练，以抵御捻军北上。1860 年秋冬，张之洞至济南入山东巡抚文煌之幕。1862 年 3 月，张之洞入内阁学士礼部侍郎毛叔熙之幕，并参与军政，围剿捻军。次年 1 月，张之万署理河南巡抚，督师镇压捻军。张之洞遂改入其族兄之巡抚署，为其起草奏疏，甚得清廷的赏识。张之洞青年时代多次充当幕僚的经历，既使其增长了见识，积累了官场的经验，也培养了从政的实际能力，为他以后四十余年的官场生涯奠定了一定的基础。

1863 年 5 月，张之洞再次入京参加会试，得中第 191 名贡士。7 月 15 日，张之洞殿试列一等一名，但在廷试对策上，因其指陈时政，直言无隐，致使阅卷大臣皆不悦，置三甲末。但大学士宝鋆却对其十分赏识，以为奇才，拔置二甲第一，试卷进呈两宫皇太后，又拔置一甲第三，得中是科探花。张之洞才思敏捷，聪明好学，有天才少年之称。之后清廷赐张之洞为进士及第。在以后的朝考中，又列一等第二名。8月7日，张之洞被引见于两宫皇太后，并被授职翰林院编修，是年26岁。此为慈禧看重并起用张之洞之开端。张之洞13岁中秀才，15岁中举人，26岁中进士、点翰林，真可谓少年得志。

1867年，张之洞奉旨主持浙江乡试，从此以后，他担任了将近十年的外省学官。他先后出任浙江乡试副考官、湖北学政、四川乡试副考官、四川学政。在此期间，他网罗通才，注重经世之学，为清王朝选拔和培养了一批经世人才，这使张之洞既得到士林也得到朝廷的赞赏。1877年初，张之洞四川学政任满，即返回京城，改任文渊阁校理之职，从而结束了他的学官生涯。

张之洞自四川返京后，很快就以京官的身份加入了“清流”的行列，从而进入了他的政治生涯中的又一个重要阶段。所谓“清流”，是中国封建社会中对负有时望而又不与权贵“同流合污”的士大夫的通称。清朝末年，“清流”党人分为南、北两派。南派由南方人组成，以军机大臣沈桂芬为首，北派由北方人组成，以协办大学士、军机大臣李鸿藻为首。然而，无论南派还是北派，其成员都是没有掌握实权的京官。他们标榜以“维持名教为己任”，以不谈洋务为高，竭力反对洋务派官僚，批评锋芒更是指向以李鸿章为首的洋务派。他们对外反对列强的蚕食鲸吞，对内主张整顿纲纪，尤其要惩治一帮贪官污吏。“清流”派之所以能在清末政坛立足，全是慈禧驾驭朝政的一种政治手腕。慈禧一方面需要向朝野显示其所谓的“同光中兴”气象；同时又要以“清流”党人来牵制洋务派，以免出现尾大不掉的局面。

张之洞当时是加入了北派“清流”，并因敢于进谏，而迅速成为该派的一员健将，人称其为一只锋利的“清牛(流)角”，甚至一时竟成了所谓“清流六君子”之首。张之洞虽然敢谏，但处事往往能十分圆满。因此，他连连得以晋升，并深得慈禧的宠信。

1881年12月，张之洞奉旨补授山西巡抚，1882年1月赴山西任，从此开始担任地方督抚大员。这是其步入洋务派大吏的转折点，也是其成为晚清重臣的一个新起点。在出任山西巡抚两年之后，张之洞即被清廷改授两广总督。五年后，即1889年，张之洞出任湖广总督。其间，又曾两度暂署两江总督，直至1907年8月，被清廷擢升为体仁阁大学士，后又补授军机大臣。此时的张之洞可谓“入阁拜相”，登上了清王朝行政官职的巅峰。1908年，张之洞又被赏加太子太保衔。1909年10月4日，张之洞因患肝疾而去世，时年73岁，谥“文襄”。张之洞由科举而入仕，历经学政、翰林院京官、巡抚、总督、大学士、军机大臣，在晚清政坛上为官从政将近半个世纪。他卓越的政绩，在晚清官员中是很少见的。

二、思想：中体西用

中体西用是洋务派开展洋务活动的指导思想，最早为冯桂芬等人所提出。“体”指封建体制，“用”指西学。“中体西用”的思想，是一种向西方学习的方法，同时也是在中西文化碰撞过程中提出的一种文化模式。在不同的时期，不同派别对有关中学和西学、体和用的含义和范围有着不同的解说，这是一个模糊的、有弹性的概念。一般说来，“中体西用”经历了一个作为“体”的中学范围日渐缩小、作为“用”的西学范围日渐扩大，所关注的重点大体经历了从器物到政制再到文化的嬗变过程。

维新运动伊始，张之洞和维新派有过一段较为密切的关系。他先是向强学会捐资五千金，并让儿子张权和学生杨锐列名入会，稍后又促成了“上海强学会”的成立。此外，作为维新派重要舆论阵地的《时务报》，从创办之日起，就是由张之洞捐资创办的。张之洞亲阅几期后，称该报为“中国创始第一种有益之报”，他甚至下令湖北全省各衙门、各州县都要订阅该报，报费由善后局统一支付。可以说在维新运动初期，张之洞是非常赞成变法的。

张之洞办洋务和维新派的变法主张有相合之处，比如办实业、办教育。他们能走到一起，是因为张之洞想利用维新派为自己办洋务获得舆论支持，维新派是想走自上而下的路线，依靠皇帝、依靠封建上层来变法。这样，张之洞就成为帝、后两党都寄予厚望的地方实力派。戊戌政变发生前夕，为了自保和邀功，张之洞迅速抛出《劝学篇》，站到慈禧太后一边，并且参与追杀革命党人。在《劝学篇》中，张之洞提出“旧学为体，新学为用，不可偏废”，同时得到光绪和慈禧的赞赏。

在维新运动中，张之洞以与维新派的诸多合作事实，使自己与顽固派不同，又以合作时间的短暂性、合作程度的有限性，使自己有别于维新派，从而游移在两派之外，又摇摆于两者之间。戊戌政变过后，张之洞又率先冲破了一时笼罩全国的保守局面，与刘坤一上《江楚会奏三折》，提出“整顿中法十二”“采用西法十一”，发出了变法的呼声。对张之洞在新旧之间摇摆的矛盾性格，在他去世之后，时人曾有如此评论，“夫张公之洞之得名，以其先人而新，后人而旧。十年前之谈新政者，孰不曰张公之洞。张公之洞哉？近年来之守旧见，又孰不曰张公之洞。张公之洞哉？以一人而得新旧之名，不可谓非中国之人望矣。然至今日而誉张公，誉之者以为改革之元勋；今日而毁张公，毁之者以为宪政之假饰。不知誉者固非，而毁之者亦未剧得其真相也。彼其胸中，岂真有革新守旧之定见？特见于时势之所趋，……万不得已而为此一新一旧之状态，以中立于两间。"①这段评论形象地描绘了张之洞在新旧之间游移的性格，也部分地道出了张之洞的"苦衷"。

三、办洋务：湖北新政

在京为官期间，张之洞加入清流派，不主张洋务，但一出任地方官，他的政治态度便为之一变，成为后期洋务派的主要代表人物。张之洞创办洋务实业，始于山西巡抚任内。他上任后，便提出了一整套治理山西的施政方案。正当他准备在山西大显身手时，又奉旨调任两广总督之职，山西的洋务活动随着张之洞的离去而归于夭折。张之洞创办洋务的第二阶段是在他署两广总督的五年期间。1884 年夏，张之洞赴广东就任，他在两广任内，继续兴办洋务活动，尤其是在中法战争结束后的三年，更是大张旗鼓地办洋务。1889 年 12 月，张之洞交卸了两广督务，于 1890 年 1 月抵鄂，从此开始了为期十余年的湖广总督生涯。在湖广总督任内，张之洞全面展开了其始于山西、继于两广的洋务事业，成了晚清政坛上名副其实的洋务派最著名的代表人物之一。

张之洞苦心经营的所谓"湖北新政"，以创实业、练新军、兴教育为其主要内容。其中，兴办实业是其洋务新政的基础。他所创办的军事、工矿企业，无论从数量、规模上来讲，还是从技术水准而论，在当时的中国都是名列前茅的，有的甚至在当时的亚洲来说，也是首屈一指的，如汉阳铁厂。下面就重点谈谈张之洞在创实业、练新军、兴教育方面所做的努力。

1. 创办实业

(1)重视发展采矿业，兴办湖北炼铁厂

张之洞在湖北兴办近代工业时，一开始便十分重视采矿业。当他刚走马上任时，即分派人员赴湖北、湖南及四川、贵州、山西、陕西诸省考察煤铁矿的蕴藏、开采、炼法、价格、运销等情况。此后，张之洞雇洋匠，派官员，勘办大冶、兴国、广济、马鞍山等地的煤铁矿，并建立了由机器开采的江西萍乡煤矿。

① 《张文襄公事略·绪言》，《清代野史》第 6 辑，巴蜀书社 1988 年版，第 98 页。

1890年10月，张之洞正式勘定于汉阳县大别山下建铁厂。建成后，聘请比利时技术人员，开始生产，张之洞还亲自视察一周。由于铁厂是设在远离铁矿石、煤炭、锰矿石、石灰石等原料产地的地方，这样铁厂的原料势必需要沿长江长途运输而来，运费开支便大大增加，在一定程度上造成了湖北炼铁厂经济上的长期亏损。汉阳铁厂尽管几经周折，走了不少弯路，但仍是19世纪90年代在亚洲建成的第一家以采矿、炼铁、开煤为一体的现代化钢铁联合企业，其规模之巨，设施之完备，均远远超过李鸿章、左宗棠、曾国藩当年创办的洋务企业，这与张之洞个人的努力是分不开的。

汉阳铁厂建成后，一个日本人写的报道，描绘了炼铁厂的宏伟："登高下瞻，使人胆裂；烟囱凸起，矗立云霄；屋脊纵横，密如鳞甲；化铁炉之雄杰，碾轨床之森列，汽声隆隆，锤声丁丁，触于眼帘、轰于耳鼓者，是为二十世纪中国之雄厂耶！"美国驻汉口领事查尔德称，这企业是迄今为止，中国以制造武器、钢轨、机器为目的的最进步的运动，因为这个工厂是完善无疵的，而且规模宏大，所以就是走马看花地参观一下，也要几个钟头。《东方杂志》也刊载了西方人士的态度，他们看到汉阳铁厂的崛起而惊呼"中国醒矣"。

(2)兴办湖北枪炮厂

中法战争结束不久，张之洞即在广东筹建枪炮厂，但设备尚未运到，他就被调任湖广总督。后经张之洞力争，海军衙门终于同意将枪炮厂设备运往湖北。1890年5月7日，清廷正式决定将枪炮厂建于湖北。1892年6月，湖北枪炮厂正式破土动工，至1894年7月，枪炮厂得以落成。1902年，由于枪炮厂内分厂林立，非"枪炮"两字所能包括，张之洞遂请将其更名为"湖北兵工厂"。枪炮厂的产品均由清政府无偿调拨其他各省使用，清政府从未认真解决该厂的经费问题，而军事工业的生产费用巨大，因此其经费成了湖北省的一大负担，后来不得不大量向德国举借外债。尽管这样，汉阳兵工厂毕竟是我国近代史上第一座具有完备系统的大规模军火工厂，自开机制造的10余年间，它所生产的各类产品及数量，居全国军事工业之冠。其中有名的产品"汉阳造"，曾是旧中国军队装备的主要武器。

(3)创设湖北纺织官局

在湖广总督任上，张之洞大力兴办机器纺织厂，获得了很大成效。1893年初，湖北织布局正式开工。湖北织布局当时有布机1000张，产品通行各省，销售颇为畅通。1894年，张之洞因湖北织布局很有成效，于是又增设纺纱厂，并采取招商助官的办法解决经费的困难，建成南、北纱厂。北纱厂即湖北纺纱局，于1897年建成开工；南纱厂因资金不足，张之洞只得将设备廉价转卖给苏州商务局。此后，张謇集股接办，与盛宣怀利用这批纺纱机械，分别在南通和上海各设一纺纱厂。设于南通的即是由张謇主持的大生纱厂，以后发展成中国近代著名的民族纺织企业。与此同时，张之洞于1894年底在湖北还创办了缫丝局，其产品全部输往上海，为华中地区最大的机器缫丝厂。此外，张之洞还于1898年在武昌平湖门外购地创设制麻局。

除创办纺织局之外，张之洞还在湖北兴办了不少中小型企业，诸如白沙洲造纸厂、湖北针钉厂、武昌制革厂、湖北毡呢厂、湖北官砖厂，而且还开设了湖北模范工厂、贫民大工厂，以解决普通老百姓的就业问题和城市贫民的生计问题。

2. 创练新军

张之洞创练新军的目的是为了使清政府走向强大。自出任山西巡抚之日起，张之洞就力图建立一支由其亲自掌握的，以洋枪、洋炮武装起来的军队。在山西巡抚任上，张之洞即着手筹办山西“练军”。“练军”是由“绿营”、“勇营”向清末新军过渡的一种新式军队，用火器来替代传统的弓箭、刀枪。在两广总督任内，他继续编练采用洋枪、洋炮及新式操练方法的近代化军队“广胜军”。筹建成效虽并不显著，但却是张之洞创建新式军队之始，他也从中积累了一定的经验。1895年12月，张之洞暂署两江总督后，又在江宁着手创建“自强军”。“自强军”在招兵、训练、建制等方面都不同于旧式“勇营”，是清末最早出现的以洋式操练的新军之一。1896年4月，张之洞以由两江奏调回鄂的护军营为基础，添募新兵，开始组建“湖北新军”。此军聘用洋教习，专习西洋马、步、炮各队阵式技艺。清政府原计划在全国编练新军36镇，但是，直至辛亥革命前夕，全国实际上只编练成13镇。“湖北新军”即是其中之一，是实力仅次于北洋六镇的第二支强大的新军。

张之洞的湖北新军就性质上来讲，仍然是一支封建地方武装力量。然而，“湖北新军”中却聚集了大量知识青年和贫苦农民，这为革命党人日后在新军中的活动提供了良好的条件。这是与张之洞的主观愿望相违背的，也是张之洞所没有想到的。

创练新军自然急需军事人才，张之洞于是又大力创办军事学校，以培养军事人才。此前，张之洞在两广和署两江总督任内，已先后创办过广东水陆师学堂、江南陆师学堂。1897年3月，张之洞又在武昌创设湖北武备学堂，聘请德国军官为教习，1903年后该武备学堂改名为武备高等学堂，湖北新军的不少军官都出身于该校。此外，张之洞还创办湖北陆军小学堂、湖北陆军特别小学堂等各级军事学堂，并派遣军事学堂学生赴日本留学，为湖北新军和其他各省培养了一批中高级军官。

3. 兴办教育

张之洞主持湖北新政的第三项主要内容，即兴办教育事业，包括改书院、兴学堂、倡游学、办报纸，使湖北文教事业盛极一时。

张之洞在出任学政与督抚时，曾兴办过一系列书院，如湖北经心书院、四川尊经书院等。出任湖广总督后，张之洞开始注重将时务引入书院。1896 年，张之洞命两湖书院仿照学堂办法，实行按日上堂听课的方式，类似于近代按班级授课的教育制度，唐才常、黄兴、傅慈祥等近代著名革命者也曾先后在该院求学。1901 年，清廷下令将书院改为中学堂，湖北诸书院也纷纷改制。

张之洞兴办教育的另一项工作就是创办学堂。1895 年，张之洞上奏创办学堂。在其初次暂署两江总督时，即兴办了一系列新学堂。1896 年初，张之洞自两江返湖广任后，即开始大规模兴办新式学堂，其中包括实业学堂、师范学堂和普通学堂。实业学堂主要有湖北自强学堂、湖北方言学堂、湖北方言商务学堂、湖北算术学堂、湖北农务学堂、湖北工艺学堂等。此类实业学堂分为三级，分别相当于高等小学堂、普通中学堂和高等学堂，是我国职业教育制度的雏形。师范学堂主要有湖北师范学堂、两湖总师范学堂、湖北师范传习所等。张之洞还在其制定的《奏定学堂章程》中，对师范教育提出了系统、周详的计划。普通学堂主要有湖北初等小学堂、湖北五路高等小学堂、湖北文普中学堂，两湖大学堂为大学预科。在创办新式学堂的同时，张之洞还创办了湖北存古学堂。该学堂创办宗旨为“保存国粹，平息乱源”，课程分为经学、史学、词章三门，并请学部通令各省一律仿照办理。

由于办洋务急需新式人才，创办新式学堂急需大量新式教员，张之洞于是派遣留学生出国深造。他曾说，“出洋一年，胜于读西书五年”，“入外国学堂一年，胜于中国学堂三年”。其对派遣留学生之重视，也可见一斑。张之洞官费资助学生去日本留学，留日学生数量在各省中是最多的。张之洞在兴办学堂、派遣留学生的同时，又创设了图书馆、报纸等近代文化设施。

张之洞兴办教育，正值清廷废科举、兴学堂，由传统的书院式教学向近代西方学堂式教学过渡之时，这一客观形势对其兴办教育事业是颇为有利的。张之洞在湖北所创办的一系列近代文教事业，对湖北乃至整个华中地区的影响是相当深远的。湖北省的近现代大、中、小学教育的雏形，形成于张之洞督鄂期间，其所办的各类学堂及所派遣的留学生里，更涌现出一大批对近现代历史发生过重大影响的革命者与文化人。黄兴、宋教仁、吴禄贞、董必武、李四光等人都先后毕业于这类学堂。张之洞作为洋务派的后期主要代表人物，其在人才培养问题上，一直有无法摆脱的矛盾心理。一方面，为了挽救清王朝，他十分注意引荐、培养和任用通晓近代文化知识的人才；另一方面，他又不能容忍真正具有新思想的人才。显然，张之洞所需要和所培养的只是思想旧、知识新、忠心于大清王朝的人才。

四、命运：种豆得瓜

“种豆得瓜，这不仅是张之洞的命运，也是所有改革者必须面对的一个宿命威胁。”担任张之洞幕僚近 20 年的辜鸿铭说：“民国成立，系孙中山与张香涛的合作。”1912 年，孙中山应黎元洪之邀到达武汉，游览了张之洞的祠宇奥略楼，曾说：“以南皮造成楚材，颠覆满祚，可谓为不言革命之大革命家。”辜鸿铭和孙中山的两段话，道出了一个不争的史实，即张之洞确实不自觉地充当了辛亥革命酿造师的角色。张继煦说：“辛亥革命曷为成功于武昌乎？论者以武昌地处上游，控扼九省，地处形胜，故一举而全国响应，斯固然矣。抑知武汉所以成为重镇，实公(张之洞)二十年缔造之力也。其时工厂林立，江汉殷赈，一隅之地，足以耸动中外之视听。有官钱局、铸币厂控制全省之金融，则起事不虞军用之缺乏。有枪炮厂可供战事之源源供给。成立新军，多富于知识思想，能了解革命之旨趣。而领导革命者，又多素所培植之学生也。精神上、物质上皆比彼时他省为优。以是之故，能成大功。虽为公所不及料，而事机凑泊，种豆得瓜。”①

首先，就革命的物质基础而言，张之洞督鄂后大力创办近代工业，企业数量激增，并修通了芦汉铁路。张之洞是湖北近代工业的奠基人，同时也是全国重工业的奠基人。张之洞还设立了湖北银元局、官钱局，铸银元、造铜币、印刷纸币，发行银票、钱票及经营银行业务，并设立了商务局、商务公所和两湖劝业场等商业机构。所有这些都大大促进了武汉地区经济实力的增长。在张担任湖广总督期间，当时湖北武汉的进出口贸易额仅次于上海，汉口被日本人称为“东方的芝加哥”，工业的发展是近代革命发生的必备条件。汉阳兵工厂又为革命准备了武器，兵工厂生产的枪械弹药，对阳夏之战及起义军的继续扩编起了重要的作用。

① 张继煦：《张文襄治鄂记》，湖北通志馆 1947 年版，第 7 页。

其次，张之洞热衷于办教育，他曾把办学堂、派留学生视为自己一生的得意之作。他的目的是要培养封建的卫道士，然而事与愿违，他培养的许多学生后来却成了革命的宣传家和活动分子。辛亥革命的参加者胡祖舜也说："经心、两湖书院等学生，同情革命者，先后留学东西各国，提倡宣导，日起有功，后多为同盟会会员。"由张之洞派赴留日的黄兴、刘成禺、张继煦等人在日本创办了《湖北学生界》和《湖南游学译编》，其所译著的文字，核心思想是谈民族、民权，两湖革命思潮，多源于这二份杂志。对这种现象，时人就曾评论说："张之洞派青年到外国留学，本为缓和革命危机，却加速了革命的过程。"①辛亥革命在武昌爆发后，清政府也哀叹"育才之举，转为酿乱之阶"②。

最后，编练新军是张之洞在湖北的又一重要举措。湖北新军训练有素，装备精良，在晚清名列前茅。特别是湖北新军文化素质较高，"秀才当兵，已成普遍现象"。新军军官也大多由留学生充任，文化知识的需求把新军官兵和各学堂的学生紧密地联系在一起，十分有利于传播新革命思想。革命党人也确立了发动新军参加革命的目标，他们甚至投笔从戎，到军队中去做艰苦细致的宣传组织工作，逐渐改变着新军的政治思想。领导武昌起义的文学社与共进会，就特意在新军中发展组织。可以说，没有这批革命的新军官兵，武昌起义的成功是不可能的。

清廷史官恽毓鼎有感于清王朝顷刻间土崩瓦解，发表言论称清朝自导灭亡的原因有三：一是派东洋留学生；二是编练新军；三是推行立宪；而其"罪魁祸首，则在张之洞"。清朝官员的怨恨恰好能从侧面证明，张之洞的诸多举措是自掘清王朝的坟墓，客观上加速了辛亥革命的爆发。

五、张之洞的性格

晚清才子郑孝胥曾这样评价袁世凯和张之洞，他说，袁世凯不学有术，张之洞有学无术。这里显然有贬张褒袁的意味。其实张之洞不仅有学，而且有术，他从小在官宦家庭长大，对于官场的规则非常熟悉，只是他是以无术当有术，实际上在权术上更加高明。

张之洞和袁世凯都编练过新军，当时全国最强的两支军队，一支是袁世凯

① 中国人民政治协商会议湖北省委员会编：《辛亥首义回忆录》第 2 辑，湖北人民出版社 1957 年版，第 117 页。

② 朱寿朋编：《光绪朝东华录》(五)，中华书局 1958 年，第 5676 页。

的北洋军，一支是张之洞的湖北新军。不过，对于军队，两人的态度就大不一样。袁世凯在一定程度上把军队看成了自己的私人武装，后来竟玩起了军人政治。而张之洞从湖北调到北京，进了军机处，没有从湖北带走一兵一卒，而且不再插手，这说明张之洞编练新军不是为了培养个人的势力。再拿张之洞和李鸿章比较，李鸿章办了一辈子洋务，至今还难以洗脱卖国贼的罪名；张之洞则不一样，他非常小心地保全自己，交涉谈判的事情，他从来不沾，所以现在我们从现代的角度，对张之洞的评价是基本肯定的。

张之洞的精明还体现在他的谨慎小心上，他一向信奉“为政不得罪巨室”的古训，一生没有特别明显的政敌，尤其和慈禧太后关系处理得很好，这决定了他后来从事改革或改良的限度。在晚清内忧外患的动荡局势下，他处理很多问题的做法，似乎和朝廷的旨意并不完全一致，然而他总能全身而退，不仅没有遭到批评、责罚，反而官越做越大、越做越稳。清末新政中，他和袁世凯都是举足轻重的人物，时有“南张北袁”之说。

张之洞一生为官清廉。在他去世后，他的一位弟子傅岳棻曾述及其身后的情况：“张去世后，谥文襄，无遗产，家境不裕。他的门人僚属都知道这种情况，所以致送赙仪都比较厚重，总计亦不过银万余两而不足二万之数。张家所办丧事也就全赖这笔钱，治丧下来所剩无几。一生显宦高官，位极人臣，而宦囊空空，可称廉介云云。”在张之洞幕府担任幕僚数十年的辜鸿铭也说：“文襄自甲申后，亟力为国图富强，及其身殁后，债累累不能偿，一家八十余口何以为生？”

张之洞为中国社会的近代化发展做出了突出的贡献，当时人曾评论说：“南皮相国，以卓识干才，闻于天下。”梁启超也说过：“张芗帅，今世之大贤也。”这些评论并非过誉之词。他的才识通过政绩和社会反响也表现了出来：他在山西时间虽然不长，但老百姓甚为感念，称其为“数十年来未有之好巡抚”；总督两湖18年，成绩非凡，影响至今犹存。

◎参考书目

1. 冯天瑜、何晓明：《张之洞评传》，南京大学出版社1991年版。
2. 黎仁凯、钟康模：《张之洞与近代中国》，河北大学出版社1999年版。
3. 苑书义、秦进才主编：《张之洞与中国近代化》，中华书局1999年版。
4. 唐浩明：《张之洞》，人民文学出版社2002年版。

第六章　慈禧太后

◎**学习提示：**慈禧太后是中国历史乃至世界历史上都非常有名的历史人物。她通过辛酉政变登上政治舞台后，牢牢掌控晚清政权长达47年的时间。中国近代一系列重大事件都发生在她掌权时期，而这一时期，也是晚清日益走向衰落的时期，是中国面临千年未有之变局的时期，以至于人们对她给予了太多的期望与太多的仇恨。就慈禧来讲，她是一个权力欲很强的女人，她爱享乐，但她并不是顽固不化的。洋务运动、清末新政、筹备立宪，可以说她对此都不是完全排斥的，但所有这些变革必须有一个底线，那就是不能触动她和整个清王朝的统治地位。以慈禧的知识和眼光，她不可能把中国导向一个比较美好的发展方向。

自辛酉政变之后，慈禧太后开始登上政治舞台，此后她便牢牢掌控着晚清的政权，直到她去世。她在位时间长达47年，历经咸丰、同治、光绪三朝，立过同治帝载淳、光绪帝载湉和宣统帝溥仪三个小皇帝。在同治、光绪两朝，她三次垂帘听政，时间长达38年，另外近10年，虽退居二线，但重大问题的决策，仍是由她决定的。近代史上所有重大事件，如第二次鸦片战争、太平天国运动、中法战争、戊戌变法、义和团运动、八国联军侵华、清末新政、筹备立宪等，慈禧都经历过。她就像一个幽灵，在强烈的权力欲的支配下，徘徊于近代史的字里行间。

一、选秀入宫

慈禧太后，叶赫那拉氏，满洲镶蓝旗人，满族八大姓氏之一，祖居叶赫（今吉林四平）。叶赫那拉氏最早的祖先可追溯到五代时期的海西女真，因叶赫那拉氏的始祖是在叶赫的河边建立的城市，领有其地并成为一国，所以叫叶赫那拉氏。

慈禧的乳名叫兰儿，是安徽徽宁池广太道道台惠征的女儿，后以秀女被选入宫。入宫之后被咸丰帝封为兰贵人。但这次选秀女，咸丰帝最中意的并非那拉氏，而是广西右江道穆杨阿的十五岁女儿钮祜禄氏。她虽说相貌一般，却显得仪态端庄、敦厚贤淑，与那拉氏同天被封为贞嫔。嫔比贵人高了一级，而且一个多月后钮祜禄氏又被册立为皇后，她就是后来的慈安太后。可见，那拉氏若不是以后生了咸丰皇帝唯一的儿子同治，是很难成为太后的。

关于那拉氏的入宫，有的记载说她最初只是个宫女，后因善于唱南方小曲，得到咸丰帝宠幸，才被封为贵人的，这与史实是不相符合的。人们之所以这么编排，与咸丰帝的风流个性有关，也与辛亥前后人为丑化慈禧的现象有关。说他入宫之初是宫女，完全与清朝的选秀制度不符。因为清代能选入宫中的女子只有两种：一种是秀女，为八旗仕宦家的女儿，选中后封为妃嫔，成为皇帝的姬妾，永远留在宫中，不准再嫁；一种为宫女子，是内务府包衣家的女儿，入宫后为婢女，供内廷使令。两种入宫女子的身份地位截然不同，前者是主子，后者是奴婢。虽然宫女得幸也可恩赐为妃嫔，但若不蒙皇帝过幸，到了一定年龄便要退回本家，脱离宫廷，另寻夫婿。那拉氏是以八旗仕宦之女选秀入宫的，绝非宫女身份。二月十一日，敬事房太监传谕旨，封惠征女叶赫那拉氏为兰贵人。入宫后的那拉氏，因得咸丰皇帝宠幸，1854 年进封懿嫔；1856 年生子载淳，次年进位为“储秀宫懿贵妃”，地位仅居皇后之下。虽然此时她只有 23 岁，但对政治却极为敏感和热衷。咸丰逃到避暑山庄后，终日消沉，不问政事，那拉氏常替咸丰披览各省奏章，干预朝廷政事。

二、辛酉政变，垂帘听政

1861 年，咸丰帝病死，6 岁的载淳继位，皇后和那拉氏分别被尊奉为慈安太后和慈禧太后，俗称东太后和西太后。此时慈禧 26 岁，她感到自己正向最高权力靠近，然而慈禧干预朝政的意图却遭到以载垣、端华、肃顺为首的八位顾命大巨的反对和遏制。不甘心受人摆布的慈禧在恭亲王奕䜣及其集团的支持下，于 1861 年 11 月成功地发动了辛酉政变，处死肃顺、载垣、端华，另外五位大臣均被革职。政变的结果是，两宫皇太后取得最高权力。不过，慈安对政治并不感兴趣，而慈禧却敢于任事，工于心计，巧于言色，具有极大的权力欲望。所以，实际上慈禧已经开始掌握清朝的最高权力。

关于辛酉政变能够成功的决定性原因，王开玺撰文分析认为是当时正统皇权思想及政治伦理观念的深刻影响。① 因为正是慈禧等人掌握着小皇帝及颁布诏旨之权，才使奉有咸丰帝遗诏的顾命八大臣无可奈何，诚如台湾学者庄练先生所论“死皇帝敌不过活太后”。慈禧掌握最高领导权后，为巩固统治，在政策上进行了必要的调整，如继续沿用肃顺重用汉人的政策，内以文祥、倭仁、沈桂芬为相，外以曾国藩、左宗棠、李鸿章等为将，自军政、吏治，到赏罚，无不咨询，所以能平定起义，开一代中兴之局。对在辛酉政变中劳苦功高的奕䜣，更是予以重用，并支持他作为洋务派的首领。洋务派购买洋枪、洋炮，训练海军、陆军，开办了一些新式的军事工业和民用工业，加强了清朝的实力。可见在洋务方面，慈禧的态度还是比较开明的。

三、慈安暴卒，大权独揽

慈安太后于咸丰二年被册封为皇后，咸丰死后被尊为母后皇太后，比尊为圣母皇太后的那拉氏早上尊号一天，显示了正侧、嫡庶的区别。辛酉政变后，两宫太后垂帘听政，虽说两宫同治，但因慈安对朝政既无兴趣、又无管理能力，大事实际上都由慈禧了断，慈安只是偶尔参与，成为陪衬。在两宫同理朝政的一段时间内，两人关系总的来说是好的。慈禧处处都能按制而行，对慈安执礼甚恭。凡遇朝廷大事需要决断，她都会征询慈安太后的意见，或者处理前先与其商量。

1873 年，同治帝 18 岁，开始亲政，两宫太后撤帘还政，但实权仍由慈禧控制。次年，载淳病死，在选择嗣皇帝的问题上，慈禧再次彰显了她的权力欲。由于同治帝无子，慈禧便特意选中她的外甥、醇亲王奕譞之子、年仅 4 岁的载湉为帝，年号“光绪”，复行垂帘听政。慈禧、慈安仍以太后的身份摄政。

慈禧在光绪六年(1880 年)初得病，即由慈安垂帘听政，只是遇到重大对外交涉时，慈禧才抱病与慈安一同召见臣子。慈安太后垂帘听政了一年的时间，在次年(1881 年)的三月初九日，“感寒停饮，偶尔违和”，次夜 8 时左右便与世长辞了。对慈安太后的突然死亡，当时及以后都有种种怀疑与猜测，成为二百多年清宫史上的一大疑案。归纳起来，主要有这样两种说法：

一种是清朝官方的“正常病死说”。在朱寿朋的《光绪朝东华录》中，载有慈安的遗诰，说她在“初九日偶染微疴，初十日病势陡重，延至戌时，神思渐

① 王开玺：《辛酉政变与正统皇权思想——慈禧政变成功原因再探讨》，《清史研究》2002 年第 4 期。

散，遂至弥留”。《清史稿·德宗本纪》记载，光绪七年三月，“辛未，慈安皇太后不豫，壬申，崩于钟粹宫”。“不豫”是对天子生病的讳称。慈安是临朝称制的皇太后，可以通用此词。《翁同龢日记》三月十一日也详细记述了他所见慈安初十日的太医脉案和处方。从翁同龢的记载看，慈安初九日得病，从发病到死亡不足两天两夜，整个过程都由三名太医救治，处方脉案俱在，病逝似无可疑义。但一向以稳重谨慎著称的翁同龢记载了这些后，竟也在文后表示“呜呼奇哉”！慈安太后一向身体还挺好，这次暴卒，不仅翁同龢，很多臣子如御医薛福辰、时任军机大臣的左宗棠等都表示怀疑。

另一种是慈禧进药毒死说。这种说法最早见于清史官恽毓鼎的《崇陵传信录》，后又被不断铺演。据《慈禧外记》载，当年咸丰临终时，曾秘密留下了一个遗诏给慈安，要她监督慈禧，慈禧安分守己则已，否则可出此诏，命廷臣传遗命除之。但老实的慈安将此事告诉了慈禧，慈禧遂起杀机。另外，《闻尘偶记》认为，慈禧是因与人私通，为慈安察觉，慈安准备废掉慈禧太后的称号，慈禧知道后，便设计毒死了慈安。上述种种说法，都出自传闻与野史笔记，没有可靠的史实依据。究竟真相如何，有待于进一步的考证分析。

但长期以来“毒杀说”却很有市场。如前所述，慈禧、慈安关系总的说是好的，但并不是一点矛盾都没有。两人在相处的过程中，矛盾较大的有三件事：一是慈禧的心腹太监安德海被诛杀的上谕是由慈安决定颁发的；二是载淳幼时与慈安太后亲近，对生母慈禧太后却感情疏远，引起慈禧不快；三是载淳在择后问题上，不选生母慈禧中意的女子为皇后，而是选了慈安看中的阿鲁特氏为皇后，使得两宫之间又添了一层嫌怨。这些确有其事的矛盾，使时人和后人对慈禧、慈安的关系产生了种种猜想和怀疑。更为关键的是，清末民初将慈禧妖魔化的现象愈演愈烈，而对慈禧为人和品格的妖魔化，自然衍生出慈禧毒死慈安的传闻。

研究清史的学者大多认为慈安是正常死亡，不是被毒死。他们指出慈安不是初次发病，之前有过两次，都类似心血管急症。这次发病是因为慈禧生病不能临朝而由慈安听政，大小事都要她一人处理，压力太大而损害了她的健康，使她旧病复发。这一说法符合《翁同龢日记》所记慈安有旧疾。但仅凭这则史料和推断，还远远不够，要下一个准确的结论，还需要有更充分的、过硬的证据。

慈安的死因至今还是个谜，但不管怎样，慈安一死，晚清历史上两宫垂帘听政的历史就此结束。从光绪七年三月中旬起，清王朝进入慈禧一人听政、大权独揽的阶段。皇朝安危、国运升沉，中外的舆论，都聚集在了这个女人身上。

四、慈禧奢华的代价

慈安太后去世后，慈禧专权的道路上还有一个障碍，那就是恭亲王奕䜣。1884年，慈禧利用中法战争中中国在越南战场失利的时机，撤换了以奕䜣为首的军机处，罢免了奕䜣的一切职务，历史上称为“甲申朝变”。这样，慈禧终于成为一个不受任何约束的拥有绝对权力的太后。1889年，载湉大婚，那拉氏宣布“归政”，退居颐和园，但朝内一切用人行政，仍出其手，光绪帝实际居于傀儡地位。伴随着极端权力而来的，自然是生活的各种腐化和享受。

光绪二十八年(1902年)的一天，慈禧突然萌发要乘火车去谒祭西陵的念头。9月，光绪帝诏示赶修新易铁路，并命新任北洋大臣袁世凯与会办商务大臣盛宣怀为西太后准备“御驾”火车。袁、盛二人“竞挥霍以买宠”，车内陈设相当豪华，仅从内府弄来的古董器玩，就足足花费了北洋部库的29万两白银。仅两天的谒陵，就筹备了6个多月，耗费银两达200万两。这辆专列，堪称是当时世界上最豪华的火车了。

最让大家不能容忍的是，慈禧大量挪用海军军费修建颐和园，办六十寿辰，为甲午中日战争中方的失败埋下了祸根。李鸿章等人秉承慈禧意旨，以办海军的名义，修葺咸丰十年被英法联军焚毁的清漪园，即颐和园，工程估计需用银2千万至3千万两。户部无款可拨，于是海军衙门大臣奕譞、奕劻等为讨好慈禧太后，挪用海军军费。大量的海军军费被挪用，其数额可增加两支原来规模的北洋舰队，而醇亲王奕譞在海军衙门的9年中却没有购置过一艘新舰。日本明治天皇则是扩充资助日本海军的发展，他于1887年谕令：“加强海防是一日也不可以放松的事，兹决定从内库中提取30万日元，聊以资助……全国华族和富豪也无不为之感动，竞相申请为海防捐款，捐款总额达103万8千日元。海军将这些捐款和天皇的赐金全部用于扩充海军军备。”虽然北洋海军成军时实力居世界第九，是亚洲最强大的海上力量，但甲午战争时，日本已经慢慢赶超了北洋海军。

1894年，日本发动甲午战争。是年，适逢那拉氏六十寿辰，于是挪海军经费，缮修颐和园，布置点景，广收贡献，同时支持李鸿章等对日采取妥协主张。在战事日益紧张之时，户部上书请求停止工程，慈禧大发雷霆。一些主战派廷臣纷纷上疏，请求停办“点景”，移作军费。慈禧怒不可遏，称“今日令吾不欢者，吾亦将令彼终生不欢”。9月，中国陆海军先后败绩，慈禧求和心切，令军机大臣翁同龢到天津与李鸿章会商停战求和之事。11 月 7 日，日军占领大连湾，前方军情急电雪片般飞来，慈禧却不为所动，在颐和园升殿受贺，大宴群臣，连续赏戏三天，公事皆延置不办。11 月 22 日，北洋海军基地旅顺沦陷，慈禧反将矛头指向以光绪帝为首的主战派。1895 年慈禧先后派张荫桓、邵友濂和李鸿章为全权大臣，赴日求和，4 月 17 日签订了中国历史上空前屈辱的《马关条约》。消息传出后，举国悲痛，有人在北京城门贴出“万寿无疆，普天同庆；三军败绩，割地求和”的对联，对慈禧的行为表示控诉和痛斥。

再说说慈禧的身后事。慈禧飞扬跋扈，一再改陵制。按清制，两位皇后慈安、慈禧的陵墓只可在咸丰帝定陵附近选址，并只能建一座皇后陵。但慈禧不同意，后按她的要求，同治为慈安和慈禧各选了一块万年基地。双陵的建造耗时 6 年，耗银 500 多万两。尤其是慈禧陵墓大殿的建筑，超级豪华，甚至压倒紫禁城。仅三殿所用的叶子金就达 4592 两，殿内的雕刻也有异处，雕刻的图案为“龙在下，凤在上”，“凤引龙追”和“一凤压两龙”，暗示她的三度垂帘和她生前的权力与地位。慈禧去世后，其棺椁的随葬珍品，价值约 5000 万两白银，更是堪称世界之最。慈禧的心腹太监李莲英亲自参加了慈禧棺中葬宝的仪式，在他和其侄子所著的《爱月轩笔记》中，明确记载了慈禧棺椁内珍宝的情况。慈禧入葬 20 年后，东陵大盗案发生，盗匪们撬开了慈禧的棺椁，也印证了《爱月轩笔记》的真实性。

五、戊戌政变

清廷在甲午战争中的全盘失利，丧权辱国的《马关条约》的签订，使中国的民族危机空前加深。已经亲政的光绪帝不堪此辱，在维新派的宣传鼓动下，决心变法图存，但他又没有真正的实权，处处受制于慈禧，寸步难行。对于光绪的变法举动，慈禧是静观其变，她说：“由他去办，候办不出模样再说。”并对光绪告诫说：“凡所施行之新政，但不违背祖宗大法，无损满洲权势，即不阻止。”但随着维新派变法的迅猛开展，慈禧感到对皇权有失控的可能，马上同荣禄密谋胁迫光绪帝发布一系列谕旨，包括重申收回二品以上大臣的任命权；诏谕慈禧准备秋天到天津阅操，传播兵权掌握在慈禧手里的信息；任命荣禄为直隶总督、军机大巨，节制北洋三军等。这样慈禧就将人事、财政和军事大权牢牢掌握在自己手中。

随着变法的深入，帝党与后党的矛盾日益尖锐，于是，慈禧立即发动政变，直入光绪帝寝宫，抄走所有奏折，将光绪帝幽禁于瀛台，杀害戊戌“六君子”，废除新政，扼杀了维新运动。

关于慈禧太后对戊戌变法的态度，史学界长期以来存在着两种不同看法。一种认为慈禧始终站在顽固守旧立场上阻挠和反对变法，甚至不惜发动政变来破坏变法。另一种则认为慈禧并不反对变法，开始时还同情和支持变法，当维新派企图“围园弑后”才发动政变。如周敏之持第一种观点，认为慈禧太后最终破坏变法有三点原因：一是同光绪争夺个人权力；二是其代表了整个封建地主阶级；三是缺乏政治家气度，因人废言。① 李锦全等持第二种观点，他指出，慈禧刚开始并未反对戊戌变法，而是采取默认态度，其原因在于维新派前期进行的技术性改革与洋务派主张并无多大差别。但是，维新派的最终目标是实现君主立宪，其必然触及政治体制的变革，妨碍慈禧的专制统治，结果慈禧不能容忍，镇压了维新派，致使变法夭折。清末新政时期，慈禧迫于内外压力同意进行某些改革，但这些措施并未触犯封建专制的最高权力。②

六、清末新政

慈禧在发动戊戌政变后，就一心想废掉光绪帝，却遭到英、日等国的反对而未能得逞；慈禧下令抓捕康有为，康有为却在英国人的庇护下逃亡海外；慈禧想策立溥儁为大阿哥，也遭到各国公使的抵制。慈禧对列强恨之入骨，正想方设法予以报复，恰逢中国兴起了义和团运动。慈禧想借义和团的力量打击一下外国侵略者，不想却引起了八国联军侵华。经过两个月的战争，八国联军攻入北京，慈禧携光绪帝等仓皇逃往西安。在西逃途中，慈禧命李鸿章北上与列强谈判。经与十一国列强反复交涉，最后签订了《辛丑条约》。在流浪一年零五个月之后，慈禧回到北京，重新登上宝座。

在慈禧生命的最后十年，她估计自己的权力和地位会因为变法而丧失，所以发动政变。但是，我们并不能就此得出结论说慈禧断送了中国的改革进程。其在断送百日维新后推进的许多措施，不仅实现了百日维新的目标，而且完全超过了当时康、梁的胆识。清末新政涉及军事、教育、商业、法律等一系列改革。

1898 年底京师大学堂的成立，令人深思地采取了梁启超提出的“中西并用，观其会通，无得偏废”的办学方针。在八国联军的打击下，慈禧以光绪帝

① 周敏之：《论慈禧反对戊戌变法的原因》，《辽宁师范大学学报》1997 年第 2 期。
② 李锦全：《论戊戌变法和清末新政中的慈禧》，《文史哲》1999 年第 1 期。

名义拟定《变法诏书》："世有万古不易之常经，无一成不变之治法……总之，法令不更，锢习不破，欲求振作，当议更张。"其改革内容为：参酌中西要政，举凡朝章国政，吏治民生，学校科举，军政财政，当因当革，当省当并，或取诸人，或求诸己，如何而国势始兴，如何而人才始出，如何而度支始裕，如何而武备始修。1901 年 7 月 24 日，清廷明令改总理衙门为外务部，班列六部之前；9 月 12 日，谕令全国各省裁汰旧军队，编练新军；1903 年 12 月 4 日设立练兵处；1904 年 9 月，练兵处、兵部奏准在全国编练"新军"36 镇，颁布了《陆军学堂办法》。1901 年 12 月 23 日，慈禧发布懿旨，破除满汉不通婚禁令，禁止妇女缠足。1905 年 9 月 2 日，经慈禧太后恩准，清王朝下诏废止科举制。1906 年 9 月 1 日，慈禧做出了发布立宪诏书的决定，两年后，中国历史上第一个宪法性文件《钦定宪法大纲》颁布。

关于慈禧太后推行新政，史学界的看法也存在分歧。一种观点认为慈禧实行新政，纯粹是迫于内外交困形势、为维护封建专制统治而被迫采取的"让步"措施。具体说来，其实行预备立宪基于以下原因：首先是迫于革命形势压力；其次为拉拢资产阶级立宪派；再次为安抚要求立宪的官僚。另一种观点认为，慈禧有合乎时代潮流、值得肯定的一面。面对新事物、新问题，她并非绝对地死守传统，顽固不化，在不危及自身统治的前提下，慈禧一定程度上能够降诏求言，重用人才，并不反对改革。这里大家肯定会有一个疑问：慈禧断送了维新运动，但在生命的末年，她为什么又实行新政呢？研究者王戎笙特别写了一篇文章分析道：慈禧推行新政的原因在于铁的教训使她认识到，坚持祖宗之法不可变的结果是"愚昧贫穷软弱"，为保大清江山，祖宗之法是可以变的。慈禧新政的一些改革措施，不仅超越了百日维新，在中国历史上也是空前的。慈禧推行新政无可非议，承诺预备立宪也非一无是处。但她仍然逃避不了历史的谴责，因为她丧失了改革政治体制的大好时机。当她实行新政、承诺预备立宪时，一个新的政治气候已经形成。越来越多的人认识到，不推翻清政府，不足以刷新政治，不足以使中国走向富强。民主共和与君主专制的较量，取代了君主立宪和君主专制的较量。①

光绪三十四年(1908 年)11 月 14 日，光绪帝含恨去世，一天之后，慈禧也病逝。在她去世的前一天，慈禧最后展示了她的权力欲，将光绪帝的异母弟、醇亲王载沣之子、年仅 3 岁的溥仪立为皇位继承人，慈禧被尊为太皇太后，仿照顺治朝授载沣为摄政王，但一切军国大事，载沣都要秉承慈禧的"训

① 王戎笙：《扼杀戊戌变法的慈禧为何也搞新政》，《炎黄春秋》2000 年第 11 期。

示”“裁度施行”。在任何时候，确保权力掌控在自己手中都是慈禧最看重的事情，即使在生命的最后时刻，也是如此。

七、总 体 评 价

在振兴社稷的大政方针方面，慈禧并不是昏聩之辈。于内政方面，慈禧一直被当成守旧派的总后台。其实，她是一个在各种政治势力之间回旋纵横的政治家，而不是简单的、用一种标签就可以定性的人物。慈禧统治了19世纪后半叶的大清帝国，她的统治推迟了大清帝国的灭亡，她还把中国政治家们所能想到的某些改革措施也付诸实践了。

首先，慈禧重用曾国藩、左宗棠、李鸿章、奕䜣、文祥等一批贤能大臣，虚怀纳谏，整顿纲纪，励精图治，大办洋务，创造了“同治中兴”的局面。垂帘听政初始，面对咸丰皇帝留下的内外交困、国库空虚、吏治败坏的烂摊子，慈禧与慈安和衷共济，经过几年的努力，内乱削平，外事相对而言没有大的麻烦，国家出现相对稳定时期，而洋务运动也是中国现代化的发端。

其次，慈禧在她统治中国近半个世纪的时间里，一直牢牢地掌握着最高统治权，控制着国家的局面，国家没有出现地方割据的分裂局面。此外，她还支持左宗棠收复了新疆。在对待新疆被阿古柏侵占的问题上，当时朝堂之上有两种意见：一种是以李鸿章为代表的海防论者，他们主张放弃新疆；另一种是以左宗棠为代表的海塞并重论者，他们主张一定要收复新疆。两种意见相持不下，最后慈禧采纳了左宗棠的意见，派左宗棠出兵西征，最终收复了新疆失地，同时通过外交谈判收回了伊犁，保持了国家领土的完整，同时也打击了沙俄。

庚子事变之后，慈禧逐渐认识到了要改变中国贫穷落后受欺辱的状况，只有推行新政，实行变法。新政涉及的内容很多，很广泛，但都在不同程度上得到了实行。无论慈禧实行新政、立宪是真心抑或是被迫，客观地说这种变革的姿态和行动，毕竟使长达两千多年的中国封建制度又向前迈出了一步，慈禧在其中所起的作用是不能忽视的。此外，慈禧还下令禁止妇女缠足，破除满汉不通婚的禁令，这对于加强民族团结，移风易俗，都具有重要的意义。

慈禧虽然利用权力办了一些利国利民的事情，但她仍然逃脱不了历史对她的谴责。她领导了腐败无能的清政府，向列强卑躬屈膝，而且她为了满足自己腐化奢靡的生活而贻误国家大事，这都使她无法被中国人民所原谅，因而长期以来遭受人们的唾骂。这不仅是慈禧个人的悲剧，也是在专制政体下，最高权力因不受监督、制约而被滥用的结果。

◎参考书目

1. 徐彻：《慈禧大传》，辽沈书社 1994 年版，国际文化出版公司 2012 年版。

2. 张延芬：《慈禧太后》，北方文艺出版社 2005 年版。

3. 隋丽娟：《说慈禧》(增订本)，中华书局 2013 年版。

4. [英]濮兰德、贝克豪斯著，周晓丹等译：《慈禧全传》，新世界出版社 2013 年版。

第七章　奕　䜣

◎**学习提示：**恭亲王奕䜣，是道光皇帝的第六个儿子，皇室贵胄，文武全才，深受道光皇帝的喜爱。道光曾欲立其为嫡嗣，继承大统，但由于种种原因还是将帝位传给了奕詝，即后来的咸丰皇帝。奕䜣所处的时代，是内忧外患接踵而至的时代，他参与了镇压太平天国农民起义，在第二次鸦片战争中督办和局，之后即主张师夷自强。咸丰去世后，他和慈禧发动辛酉政变，改顾命大臣制度为两宫垂帘、恭王秉政制，之后奕䜣得以将生平抱负实现。他大办洋务，与洋人交好，清朝内政外交也日有起色。怎奈何慈禧集权纵欲，视奕䜣为眼中钉。当慈禧羽翼丰满后，时时打压奕䜣，甲申朝变中甚至罢黜了奕䜣的一切职务，使奕䜣在戒台寺赋闲了十年。甲午海战，奕䜣复出，复出后的三年，奕䜣已无往日豪气，在朝廷没有发挥什么实际作用，后逝去，身后谥“忠”。

爱新觉罗·奕䜣(1833—1898)，恭亲王，号乐道堂主人，清道光帝第六子，生母孝静皇后，咸丰帝同父异母兄弟。清末洋务派首领，身后谥“忠”。

一、道光皇常的宠儿

道光十二年十一月二十一日(1833年1月11日)深夜，整座紫禁城沉浸在梦境之中。子夜时分，静妃博尔济吉特氏的寝宫乐道堂里，一男婴呱呱坠地，啼声划破了沉寂的夜空，给死气沉沉的紫禁城增添了一些生机。爱新觉罗家族又一个皇子降生了，这就是道光皇帝的第六个皇子。

在奕䜣之前，道光皇帝已有五个皇子，但长子奕纬、皇二子奕纲和皇三子奕继已夭折有年，皇四子奕詝尚未出生时，帝业一度出现了后继无人的危险局面。待全贵妃生下皇四子奕詝，才缓解了道光帝的无后之忧，奕詝也颇得道光皇帝喜爱。至于第五子奕誴，系贵人钮祜禄氏所生，生而状貌拙陋，不为道光所喜，后来过嗣给亡弟绵恺为后。奕䜣出生，大清帝业后继有人，道光帝甚为欣慰，于是取名“奕䜣”，䜣的意思，就是高兴。

1841年正月初九，孝全皇后驾崩，奕訢的生母以皇贵妃的身份成为了六宫中之第一人，而年幼的奕詝也交托给皇贵妃抚育。兄弟俩的感情十分亲密。奕訢自幼聪明伶俐，与诸位皇子、王子相比，奕訢更加聪慧过人。有记载上书房每日讲授千余言，他"少读即成诵"。奕訢与皇四子奕詝一起，深受道光皇帝的宠爱，从各方面显示，道光帝似乎更偏爱奕訢一些。

首先，从其生母博尔济吉特氏在宫内地位的升迁看出。在等级森严的后宫，母以子贵是常有的事。奕訢出生前，博尔济吉特氏在道光帝具有后妃名号的十二名妃子中，位列第五，生了奕訢后两年间，她被晋封为贵妃，地位迅速攀升，由第五到第二，仅次于皇后。

其次，在老师的选择上。皇室都特别注重对皇子的教育，目的是为皇子们以后能治国平天下打下坚实的基础。道光皇帝也特别挑选品才兼优的饱学之士，教授皇子们文治武功。他为奕詝挑选的老师是杜受田，为奕訢挑选了翁心存，不过翁心存只教了奕訢一年，便以母老乞归，由贾桢接替。贾桢是道光六年的榜眼，比杜受田和翁心存的科考等第都高。道光帝为奕訢选择这样一位榜眼做师傅，再一次透露了他对奕訢的喜爱。

最后，在婚配上。皇子们的婚姻多与政治息息相关。奕訢成年后，道光为其指的福晋是大学士桂良的女儿，为奕詝指的福晋是太常寺少卿富泰的女儿。桂良，满洲正红旗人，宦门子弟，清政府大员，在政治上很有建树。道光帝将皇子与桂良之女结为连理，既是为了酬答桂良和表示对他的信赖，同时也是对皇子奕訢的偏爱。奕訢因为这桩婚姻，而获得了一位他日后驰骋于政治舞台的坚定的支持者和忠实的追随者，包括第二次鸦片战争中的议和、辛酉政变及洋务运动等，桂良均以其丰富的政治经验和阅历为奕訢出谋划策，奕訢也非常信任他的岳父。而奕詝的岳父——富泰家族的地位则远逊于桂良，职务也是无法与任总督、都统的桂良相比，富泰本人对奕詝的政治生活没有产生过什么影响，清代名人传稿上对其也少有记载。

二、与皇位失之交臂

道光皇帝去世前，其他皇子还年幼，有条件继承皇位的只有奕訢和奕詝。奕詝母亲去世后，年幼的奕詝也交托奕訢的母亲抚育。兄弟俩小时候十分亲密，他们一起在上书房念书，一起习武练剑，还共同创造了一套刀法和枪法。此时，成人所追求的权利斗争还未对他们造成什么影响。

在奕詝和奕訢还没有争夺帝位的念头时，而他们的老师杜受田与卓秉恬却开始在暗中进行着无声却激烈的斗争。卓秉恬长期担任大学士，历管兵部、户部、工部，身后谥为“文端”，是一位才德可观之重臣，但据《清史稿》记载，卓秉恬好发议论，众人认同的他则常提出不同的意见，卓秉恬这种不够圆滑的性格，也极大地影响了弟子奕䜣。而奕詝的老师杜受田虽然职位较低，但其在处事和揣摩道光皇帝的心思方面比卓秉恬厉害。在权力场上，心计和谋略往往是致胜的法宝。由于缺乏经验，最终在皇位的竞争中，奕䜣败给了在杜受田调教下成长起来的奕詝。

根据史书记载，道光皇帝一直对由谁来继承皇位犹豫不决，但有两件事却对皇位继承起了决定性的作用。其一是“藏拙示仁”的故事。据说有一次道光和其他王公大臣外出狩猎，也叫了奕䜣和奕詝同去。杜受田深知其中奥妙，于是对奕詝授以机宜。狩猎结束后，奕䜣打到的猎物是最多的，道光十分高兴，当场就褒奖了奕䜣。而奕詝却什么也没有打到，道光感到十分诧异，问其原因，奕詝按之前老师所讲回答道，众生皆平等，动物也是一个生命，自己实在是不忍心杀死它们，所以就什么猎物也没有打到。道光听后十分感动，从此对奕詝刮目相看。其二是“藏拙示孝”故事。据说道光帝晚年病体垂危，就决定最后考察一下二人以确定谁是最终的帝位继承者。二位皇子各去请教自己的老师。奕䜣的老师卓秉恬教导他，如果皇上问什么问题，应当知无不言，言无不尽；奕詝的老师杜受田则教导他说，你如果条陈时政，知识万万不敌六爷，只有一个计策，皇上若说自己老了又有病，可能将不久于此位，阿哥你只要伏地痛哭流涕，以表孺慕之诚意而已。果然，二人都依照老师的教导行事，奕詝的一番表现让咸丰甚为赞叹，称赞其仁孝，于是最终将帝位传给了奕詝，也就是后来的咸丰皇帝。道光帝置立储诏于鐍匣，匣内是有清一代绝无仅有的一匣两谕，宣示“皇四子奕詝立为皇太子”、“皇六子奕䜣封为亲王”。这对道光帝来讲，是一次多么艰难、痛苦的选择呀！道光帝驾崩后，奕詝继位。他遵道光帝遗谕，封奕䜣为恭亲王。据说“恭”字正是告戒他能恭慎行事、维护服从皇帝，并且保护自己。而这个清室的最高封号，后来也使他得以在晚清的政治舞台上一展才华。这两个故事中可以看到，奕䜣最初应该是一个依赖实际才能而疏于攻心的人，以上两事又体现了奕䜣的文武双全。

1850年3月9日未满19岁的奕詝登上了帝位。当政之初，奕詝意气风发：一方面重新起用林则徐赴广西镇压刚刚兴起的太平天国农民起义；另一方面，以“妨贤病国”的罪名，将道光朝中后期权倾朝野的穆彰阿革职永不录用。奕詝这一果断的处置，使得天下正人无不称快，而奕詝的地位也随之稳固下来。穆彰阿之后，咸丰先后任命赛尚阿、祁寯藻担任领班军机大臣，但事实证明这些老臣无法担当大任。随着太平天国的发展壮大，清王朝的局面也越来越糟。在这样一种情况下，咸丰帝想起了自己的弟弟——恭亲王奕䜣。咸丰三年，奕䜣受命在军机处行走。此刻的奕䜣刚满二十岁，此后在咸丰的默许与支持下，奕䜣很快成为事实上的领班军机大臣，后又正式成为领班军机大臣，至此道光朝之军机大臣已全部撤换，一个全新的行政班子成立了。

然而两年后，奕䜣遭到严谴。起因是奕䜣在为其生母力争封号的过程中，惹恼了咸丰帝。咸丰五年七月，奕䜣的生母皇贵太妃病笃，因抚圣有功，她希望身后能尊封为皇太后。奕䜣也希望达成此事，但咸丰皇帝迟迟不表态。就在康慈太后要去世时，一天咸丰又去问安，正好碰见恭亲王出来，皇上问情况如何，恭亲王跪下哭泣着说已经不行了，意思等着皇上给个封号，但是皇上只是"哦"了两声，并没有说话，其实是暂不置可否之词，而恭亲王认为皇上已经准了，因此到军机处，传旨准备册封的礼仪。这里恭亲王传旨虽非文宗本意，但恭亲王的"传旨"，起于误会，终同挟制，咸丰自然要懊恼。七月初九皇太后崩，七月二十咸丰以恭亲王"办理皇太后丧仪疏略"为由"罢军机大臣、宗令、都统，仍在内廷行走，上书房读书"。

三、临危受命，督办和局

1856年，太平军先后攻破江北大营、江南大营，同年，第二次鸦片战争爆发，清廷一时内外交困。在这种情况下，咸丰帝复授恭亲王为都统。1857年12月29日，英法联军破广州；1858年5月20日，联军克大沽炮台。清政府谈判代表东阁大学士桂良、吏部尚书花沙纳被迫在极端不利的情况下与英法代表进行谈判，6月26日《中英天津条约》签订，27日《中法天津条约》签订。1860年8月21日，联军破僧格林沁部于大沽。9月17日，中国谈判代表怡亲王载垣下令扣留了以巴夏礼为首的英法谈判代表38人。9月18日，联军复破僧格林沁部于张家湾。9月21日，联军再破僧格林沁部于通州八里桥，至此清政府在京畿一带已无可用之兵。

1860年9月22日，咸丰用肃顺之计，以"坐镇京北"、"将以巡幸之备，作为亲征之举"为名，逃往承德避暑山庄，同时任命奕䜣为"特授留守京师、督办和局、便宜行事、全权钦差大臣"留京善后。从表面上看，咸丰帝是给了奕䜣很大的权力，其实这个所谓的"钦差便宜行事全权大臣"是在排挤奕䜣，把奕䜣置于一种既危险而又难以措手的境地。奕䜣对当时的局面看得非常清楚，他曾这样描述当时情形："大沽未败以前，其时可剿而亦可抚；大沽既败而后，其时能抚而不能剿。至夷兵入城，战守一无足恃，则剿亦害抚亦害。……(故不得不)权宜办理。”在这种情况下，无论改换何人进行谈判，也绝不会有什么不同的结果。9月，条约达成，奕䜣上奏自请议处，咸丰帝的回复是：“恭亲王办理抚局，本属不易。朕深谅苦衷，毋庸议处”，赦免了做替罪羊的弟弟。

在这一过程中，侵略者的强大与先进给了奕䜣以极大的震撼，奕䜣也由原先的“理智型攘夷派”转变成了“师夷自强派”。1861年1月20日，咸丰批准了由恭亲王奕䜣、文华殿大学士桂良、军机大臣文祥等在的《通筹夷务全局折》中提议设立的“总理各国(通商)事务衙门”，统管一切涉外事务，并任命奕䜣为首席总理大臣，桂良、文祥担任总理大臣。至此，“恭王派”开始了对清朝外交长达四分之一个世纪的控制。此外，通过两次鸦片战争，奕䜣还意识到俄国获利最多而祸华最烈，治俄先于治英法成为了奕䜣的对外方针。奕䜣的“师夷”思想及外交风度受到了外夷极大的欣赏，因会和洋人打交道，又排行第六，为此奕䜣得到了“鬼子六”这个称号。

四、辛酉政变

辛酉政变是1861年(咸丰十一年)咸丰帝病死后，慈禧太后联合恭亲王奕䜣发动的一次宫廷政变，其目的是改顾命大臣制度为两宫垂帘、恭亲王秉政制度。

1861年春，逃到承德避暑山庄的奕詝由于生活放纵无度，身体越来越差，此时他必须要为身后的权力做一个安排。此时咸丰只有一个儿子载淳，但尚且年幼，于是他选了八位辅政大臣，讨论处理日常政务。在执政后期，咸丰变得十分多疑，他不信任在江南统兵的曾国藩、不信任留京办理“夷务”的奕䜣，最终也没有完全信任在自己身后“赞襄一切政务”的肃顺。为了防止专权局面的出现，咸丰在弥留之际将“御赏”、“同道堂”两印分别赐予慈安和慈禧太后，并且规定，凡辅政大臣以皇帝名义发出的谕旨，首尾必须钤用两印才算有效，以此作为两太后(代表小皇帝载淳)审阅后同意发出的凭证。这种权力的安排，我们称之为“垂帘辅政，盖兼有之”的形式。

7月16日，奕詝病笃，留下遗诏二道：一是立皇长子载淳为太子；二是任命户部尚书协办大学士肃顺及御前大臣载垣、端华、景寿，军机大臣穆荫、匡源、杜翰、焦祐瀛八人“赞襄一切政务”，以上八人也被称为“赞襄政务王大臣”。1861年8月22日清晨，清文宗奕詝崩于承德避暑山庄烟波致爽殿东暖阁。

留守京师的恭亲王奕訢很快就得到了咸丰帝驾崩的消息和遗诏的内容，兄长的去世令他悲痛，然而更让他痛心的是，作为皇室贵胄的他不在顾命大臣之列，受命于危难之际的他竟被兄长彻底排除在核心权力之外。不仅是奕訢，甚至整个“恭王派”都遭到了排挤，他必须在妥协和反抗之间做一个决定。如果妥协，运气好的话，可以担任一个职务，不好的话，奕訢包括整个“恭王派”甚至会被连根拔起，以贪权专断的肃顺集团的特点来看，后一种可能性更大。所以为了自己，更多的也是为了支持他的“恭王派”，奕訢必须起来抗争。

慈禧太后有着很强的权力欲，在热河，咸丰病重期间，她就曾替其批阅各省奏章，干预政事。以肃顺为首的顾命大臣们为此而特别注意防范慈禧太后，两宫太后也对权势日重的肃顺深为疑忌。两宫太后与肃顺之间的矛盾在热河的时候已经显示出来了，慈禧想扳倒八位辅政大臣。这样奕訢和慈禧就有了共同的意愿。在慈禧太后的提议下，两宫太后暗中发懿旨招唯一有力量可以对抗顾命大臣的恭亲王奕訢赴热河“筹谘大事”，在北京的奕訢为了探听新政权的虚实而要求赴热河叩谒梓宫。咸丰去世之前，奕訢都没能见上哥哥一面，这时奕訢赴热河叩谒梓宫，是合情合理的，肃顺等顾命大臣也没有理由表示反对和阻拦。

1861 年 9 月 5 日奕訢到达热河，在澹泊敬诚殿叩谒梓宫之后，立即受到了两宫太后的单独召见。双方在会见中达成了共识，即改“顾命大臣”制度为“两宫垂帘、恭王秉政”制。这次短暂的会面后，奕訢即赶回北京，双方开始进行秘密部署。

以当时情况来看，奕訢的“恭王派”在北京占有绝对的优势。首先奕訢自己是留守京师的“全权钦差大臣”，在顾命大臣正式回京办事之前，在北京拥有绝对权威；“恭王派”首席干将文祥事实上掌握着北京卫戍部队；在京重臣中文华殿大学士桂良是奕訢的岳父，武英殿大学士贾桢是奕訢的老师，体仁阁大学士周祖培因受了肃顺的排挤而与之结怨较深；前领班军机大臣彭蕴章和前重臣祁寯藻、翁心存等也是与肃顺不和，对其深恶痛绝。外国势力因为肃顺、载垣等对外在主战和强硬态度也自然站到其对立面。京畿周边的统兵大员僧格林沁、胜保因肃顺主张重用汉族大臣曾国藩等，甚为不满，同时对英法联军攻入北京后，肃顺自已逃离北京而置其于不顾，心怀怨恨，也站到了恭亲王一边。这样，在北京就形成了一个针对肃顺集团的强大包围网。

热河则是顾命大臣的势力范围，因为军政要职在他们手中。两宫太后还在热河的时候，都察院山东道监察御史董元醇奏请两宫太后“暂时权理朝政，左右不能干预”“更当于亲王中简派一二人，令其同心辅弼一切事务”，其实就是要改“顾命大臣”制度为“两宫垂帘、(恭)亲王辅弼”制度。而督办“河南安徽剿匪事宜钦差大臣”胜保与山东巡抚谭廷襄同时联衔具折“恭请皇太后圣躬懿安”，也是开了臣子向太后请安的先例。肃顺等顾命大臣气急，先是以在大丧期间使用黄折为由，将胜保、谭廷襄交部议处，对董元醇更是打算严惩，以杜绝以后此类事情的发生。

其实，两宫太后看了董元醇的折子后，觉得暂时不可能实行，打算留中不发，而肃顺等为了惩罚董元醇，坚决要求将折子下发下去。两宫太后在商议后，将该折发下，并明确指示批准董折“亲王辅弼、添派师傅”二事。顾命大臣为此而大为恼火，当下以祖宗旧制向无皇太后垂帘之礼为理由，坚持写明发上谕痛加驳斥。朝堂之上，双方甚至发生了异常激烈的争执，肃顺等人勃然抗论，甚至称“顾命之臣，辅弼幼主，不能听命于太后，请太后看折子，原是多余的事”！顾命大臣还以停止办公威胁两宫太后，两宫太后被迫向顾命大臣屈服。

这次冲突，表面上顾命大臣是取胜了，然而顾命大臣表现出的跋扈态度，却使他们失去了人心，大多数亲贵随之站到了太后与恭王一方。另一方面，顾命大臣以为慈禧就此会永久屈服，也就放松了警惕，两宫太后也就趁机巧妙解除了肃顺、载垣、端华所兼任的步军统领和銮仪卫、向导处等职务，削弱了他们在内廷的影响力。

1861 年 10 月 26 日，为了在东华门率众跪迎咸丰帝灵柩，两宫太后偕幼帝载淳及载垣、端华等七大臣先行间道回京，而肃顺与醇郡王奕譞等亲贵护送咸丰帝灵柩随后。这种巧妙的安排，实际上是将肃顺和其他几位顾命大臣分开，以便对其实行抓捕。回京后第二天，两宫太后在养心殿东暖阁再次召见奕䜣。11 月 2 日，两宫太后传特旨召文华殿大学士桂良、武英殿大学士贾桢、体仁阁大学士周祖培、军机大臣户部左侍郎文祥由恭亲王奕䜣带领进见，载垣等人阻拦未果。两宫太后在养心殿东暖阁向众人哭泣，指责八大臣种种不轨行为，并出示已经写好的上谕，主张将八大臣即行革职。又连下谕旨，指示处理办法，包括“所有此次查抄肃顺家产账目书信各件，著议政王、军机大臣即在军机处公所公同监视焚毁，毋庸呈览，以示宽厚和平、礼待臣工之意”。此时的慈禧 26 岁，奕䜣 28 岁，虽然年轻，但方式和手段十分老辣。应该承认，辛酉政变还是颇得人心的，当时即有人评论称，政变使朝局一变，“人顾以为快不以为过者”。其中主要原因是大家都看好奕䜣，“诚以恭邸为贤王”、“民心即人心，日前浙中贼势虽张，计廓清终不远耳”，相信奕䜣集团能平定内乱。

这样，从 11 月 3 日至 8 日，短短 6 天之内，发动政变的一方慈禧和奕䜣就迅速完成了抢班夺权、处置政敌、更改年号、论功行赏等一连串政变举措。对于在政变中劳苦功高的奕䜣，慈禧一口气授给他三个要职：议政王、军机大臣、宗人府宗令，并宣示"著以亲王世袭罔替"。此时的奕䜣身兼四职：议政王一职，乃众王之首；同时又是军机首座；宗人府管着所有的满人贵族；内务府掌着宫廷内部的所有事务。在这一过程中，奕䜣集团显然是最大的赢家，攫取了最多的实权，大功似乎告成。然而在任命奕䜣为议政王和军机行走后的短短几日之内，慈禧又连续三次以内阁奉上谕的形式，宣告了自己和奕䜣之间的君臣关系和权力界线，这也预示了奕䜣今后的政治道路上必然会遭到慈禧的打压。

五、兴办洋务，功不可没

进入近代以来，外交事物日益增多，迫切需要一个专门的机构来管理外交通商事宜，仅由礼部、理藩院附带着处理显然是不够的。咸丰去世前，奕䜣就建议创办总理各国事务衙门，专门管理对外交涉及通商事宜。奕䜣在建议中特别强调：如果没有专门从事外交事务的中央机关，就会延误交涉而贻误国家大事。为了提高办事效率并具有权威性，奕䜣提议由军机大臣兼管总理各国事务衙门，简称总署。1861 年 1 月，上谕批准。这样，中国有史以来第一个正式外交机关——总理衙门成立了，这是中国外交、政治史上的一件大事。奕䜣为总理衙门主管，桂良、文祥辅之。因奕䜣的这一建议，打破了清朝的旧官制，加大了外交工作的分量，旧势力曾攻击总理衙门是"专门事鬼"的卖国组织，并骂奕䜣是"鬼子六"。

总理衙门建立后，逐渐发展成为与军机处平行的军国大事的决策和执行机构，成为重要的权力机关。总理衙门起初是专门的外交机构，后来又经管通商、海防、关税等许多事项，再后来连建筑铁路、矿山、轮船、军火等也都归它管辖。"洋务"一词至此已有双重含义：一是外交事务；二是外洋先进的科学技术知识。奕䜣的洋务功绩也主要是在这两个方面。

自 19 世纪 60 年代起，在奕䜣的主持下，清朝与欧美主要国家建立了商务和外交关系。光绪四年，我国第一个领事馆在新加坡设立。随后，在美国旧金山、日本横滨和神户等华侨聚居地，也先后设立了领事馆。奕䜣主持总理各国事务衙门三十年，使中国开始成为国际社会的一员，他是中国近代外交事业当之无愧的开拓者与奠基人。

奕䜣对洋务的贡献远不止这些。他还主张开办近代教育，引进西方技术，开办近代企业、走自强之路，收回失去的国权，这也是整个洋务运动的总方针。总理衙门建成后，从同治四年(1865 年)至光绪十三年(1887 年)，在中央以奕䜣为代表，在地方以李鸿章、曾国藩、左宗棠等大员为骨干的洋务派大规模地兴建近代军事工业和民用工业，先后建立了近代军事工业二十余家、分布在十二个省区。从长远考虑，办洋务需要大量懂洋务的人才，于是奕䜣又提出兴学育人的指导方针。在他的手中，出现了第一所具有划时代意义的综合性学校京师同文馆。它起初是一所外语学校，后来又陆续增设了天文、数学、化学、国际法、生理、物理、外国历史、地理等多门课程，教学内容与八股取士制下的教学内容相比，已经发生了很大的变化。奕䜣还多次奏请各省将军及督抚在各地开办新式学堂，培养专门人才。

可以说，晚清出现过“同治中兴”的短期兴旺，与恭亲王奕䜣所倡导的洋务改革运动是分不开的。然而洋务运动没有触犯清朝权贵的既得利益，也不可能从根本上改革中国的封建制度，这是其局限性，也注定了洋务运动不能挽救中国的危机。

六、赋闲十年后复出，反向主和

慈禧利用奕䜣成功地发动了辛酉政变，彻底除了政敌，掌握了最高统治权。垂帘听政之初的慈禧也还需要利用奕䜣，因而对其也还算尊重。但当慈禧羽翼逐渐丰满后，时刻为爱新觉罗家族江山社稷考虑的奕䜣就成为慈禧权力道路与腐化享乐道路上的重要障碍。慈禧曾几次欲罢黜奕䜣，最后终于在光绪十年(1884)春，借清军在中法越南战争中失利之名，撤销奕䜣的一切职务。此后，奕䜣在戒台寺赋闲了十年。在此期间，奕䜣深知慈禧的揽权私心，所以处处隐藏自己，力避不测。但他皇室贵胄的身份，和自幼所接受的文武两方面的教育，又使他不可能不去为当时的内外局势担忧。表面游山玩水、吟诗作赋的他，内心实际上是很苦闷的。

光绪二十年(1894 年)，甲午中日战争爆发，慈禧任用李鸿章，避战求和，北洋舰队节节败退。为了壮大主战派的势力，光绪帝费尽全力要求慈禧重新起用三朝元老恭亲王奕䜣。然而，61 岁的奕䜣此时已然不能胜任了。他违背了光绪皇帝起用的初衷，反向主和。因为洞悉了慈禧的态度和强烈的权力欲，复出后的奕䜣凡事委蛇因循，以致朝野上下都对他失望之极。复出的三年时间，在清廷中并未发挥什么实际作用。

光绪二十四年四月初十日，恭亲王奕䜣病故，谥“恭忠亲王”。在清朝267年的历史上，只有两位王身后谥“忠”，一位是多尔衮，一位是奕䜣，这是对他们身前功绩的高度评价。光绪为其辍朝五日，谕“王忠诚匡弼，悉协机宜，诸臣当以王为法”。《清史稿·诸王列传》对奕䜣甚有好评，赞语中说他：“绸缪宫府，定乱绥疆，罢不生怼，用不辞劳，有纯臣之度。”可见他的确是一位尽瘁国事、弼亮忠诚的贤王。台湾学者吴相湘曾这样评价奕䜣：“综观恭王一生，以过人之敏知，处中外流言庞杂之际，坚持定见，忠诚谋国，推腹心于将帅，示信义于欧美，同治改元，内政外交日有起色，清朝国祚得以延长，实利赖焉。只以女主当朝，集权纵欲，视相王如眼中钉，一进退间，安危兴亡之迹判然显现，六十七年固如落花一梦，然实已不愧为爱新觉罗氏之好子孙矣。”①

可以说，没有奕䜣，就没有“同治中兴”局面的出现；作为爱新觉罗皇室的子孙，他努力地维持着王朝的统治秩序，客观上延长了这个家族的统治。从皇室的角度来看，他是永远忠于清帝国的。

◎参考书目

1. 瀛泳：《西风瘦马：恭亲王奕䜣传》，作家出版社1998年版。

2. 汤黎、余祖坤：《恭亲王奕䜣政海沉浮录》，湖北人民出版社2005年版。

3. 董守义：《恭亲王奕䜣》，人民文学出版社2010年版。

4. [美]托尼·邓著，王纪卿译，《恭亲王奕䜣传》，湖南人民出版社2013年版。

① 吴相湘：《晚清宫廷纪实》，文史资料出版社1982年版，第150页。

第八章　康　有　为

◎**学习提示**：在康有为所生活的时代，中国遭遇了西方列强一次又一次的侵略，危机四伏。同时，随着列强的入侵，西方的思想、文化也大量传入中国。在这种环境下成长起来的康有为，喜好独立思考，胸中怀有救世的志向。康有为自幼就接受了宋明理学的教育，同时阅读了不少经世致用的书籍，但在他接触了西学之后，他就坚信中国只有通过变法才能自强。于是他在光绪帝的支持下，领导了一场轰轰烈烈的自上而下的戊戌维新运动。这是中国的第一次民主宪政运动，有着积极的意义。在变法被慈禧太后扼杀后，他流亡海外十几年，辛亥革命后归国。回国后的康有为坚持保皇，主张中国走君主立宪的道路，他两次试图利用军阀的力量完成自己的政治理想，但最终都以失败而告终。康有为的虚君共和思想，其实与革命派的最终目标是一致的，即消灭君主专制政体，而推行民主制度。只是方式上，康有为主张采取渐进的方式，否定革命为变革的可靠手段。无论是渐进的改革，还是激进的革命，在使当时的中国走上独立、富强、民主的道路上都同等重要，不能厚此薄彼。

1949 年，毛泽东在撰写《论人民民主专政》一文时，谈到“自从鸦片战争失败那时起，先进的中国人，经过千辛万苦，向西方国家寻找真理”，把康有为称作“在中国共产党出世以前向西方寻找真理的一派人物”中的一个代表者，肯定了康有为对历史的贡献。

清咸丰八年二月初二(1858 年 3 月 19 日)，康有为出生于广东省南海县，他的弟子便因此称他为南海先生。他祖父做过县学教官，父亲做过知县。优裕的家庭生活，使他从小就受到了良好的教育。康有为父亲早逝，于是他从小就跟祖父康赞修学习程朱之学。他每次诵读，过目不忘。7 岁便通文，18 岁时拜南海九江有名的学者朱次琦为师，学习 3 年，以程朱理学为主，而又兼陆王心学。他博涉群学，如哲学、历史、佛学等，都有着很深的根底。康赞修、朱次琦都崇信宋明理学，康有为在宋明理学的影响下，鄙弃所谓汉学家的烦琐考据，企图开辟新的治学道路。

康有为喜好独立思考，在学习了一段时间的理学之后，结果他对理学也不赞成了。他发现理学“仅言孔子修己之学，不明孔子救世之学”。1879 年，康有为离开了朱次琦，一个人到西樵山白云洞读书，阅读了不少像《文献通考》、《经世文编》、《天下郡国利病书》、《读史方舆纪要》等“经世致用”的书。同年，他游览了香港、上海等地，这次游历使他眼界大开。以后他又阅读了魏源的《海国图志》、徐继畬的《瀛环志略》等书。这一年，是康有为从中学转为西学的重要开端。此时，资产阶级的政治、经济和文化思想，开始在他的头脑里占有一定的地位，他逐渐形成了一个坚强的信念：中国只有通过变法才能自强。

怎样让更多的人接受变法的思想呢？康有为开始着手做理论和实践上的准备。1892 年，康有为在广州长兴里创办万木草堂，招生讲学，宣传西方思想，并且发表了《新学伪经考》、《大同书》和《孔子改制考》等论著，为变法制造舆论氛围，这几本书成为康有为宣传变法的重要理论书籍。

下面就结合时代背景和康有为的人生经历，对其变法及保皇思想做一番分析。

一、康有为与戊戌变法

康有为曾先后七次上书光绪皇帝。1888 年，康有为参加顺天乡试，没有考中。面对严重的内外危机，康有为上书光绪帝，痛陈祖国的危亡，批判因循守旧，要求变法维新，提出了“变成法，通下情，慎左右”这样三条纲领性的主张。这次上书，虽然内容比较简单，但康有为却鲜明地提出要变革制度的思想，是康有为政治制度改革思想的萌芽时期。1895 年，康有为到北京参加会试，这时传来了清政府要签订《马关条约》的消息。康有为联合各省应试举人，联名上书请愿，要求“拒和、迁都、练兵、变法”，这就是历史上非常有名的“公车上书”。“公车上书”是康有为的第二次上书，虽未实现目的，但它打破了清朝士人不得干政的禁令，影响较大。

1895 年的这次会试，康有为得中进士，被授以工部主事官职，他不愿“为五斗米折腰，故不到署”，而是继续从事变法的宣传和发动工作。此时，康有为不仅直接上书皇帝，同时结交朝野赞成改革的人士，创办强学会，集会演说，宣传维新思想，而且还创办《万国公报》、《强学报》，大造舆论。顽固派官僚对康有为深恶痛绝，他们以“植党营私”为名，将强学会查禁。

1897 年，以德国强租胶州湾为开端的各国列强掀起瓜分中国狂潮，民族危机空前严重。康有为第五次上书光绪皇帝，要求变法、图强。这次上书依然被顽固的官僚们阻挡，没能上达到光绪皇帝那里。后经翁同龢从中周旋，光绪谕令总理衙门传见康有为。在总理衙门，康有为舌战顽固派。针对“祖宗之法不能变”的顽固思想，康有为称：“祖宗之法用以治祖宗之地，如今祖宗之地不保，祖宗之法又有什么用呢?”然后他又就李鸿章等人提出的问题一一作答，阐述了自己的关于变法的种种主张。翁同龢后来向光绪皇帝详细地汇报了这次传见的情况。光绪听后，命康有为具折上奏，于是康有为就写了那篇有名的《统筹全局折》，这是维新派的纲领性文件。在《统筹全局折》中，康有为提出了变法的上、中、下三策，之后康有为在北京发起建立宗旨为“保国、保种、保教”的保国会。不久，保国会又被顽固派攻击为“保中国不保大清”，被迫解散。然而，维新运动的高潮已经到来了。

光绪二十四年六月十一日，在康有为等的促动下，光绪帝颁布《定国是诏》，下决心变法。十六日，光绪帝召见了康有为，准许他直接上书条陈建议。本要重用他，因顽固派反对，只任命他为总理衙门章京上行走。康有为在新政期间，提出了许多变法的方案措施，这些主张反映了当时全国人民尤其是民族资产阶级上层挽救民族危亡、发展民族经济的强烈愿望，激励着维新派积极投身于变法运动。在百日维新期间，光绪皇帝根据维新派的建议，并权衡利害，颁布了一百多道变法诏令，主要内容有：

(一)经济方面：设立农工商局，保护农业商业，奖励发明创造；设立路矿总局，发展铁路和采矿业；办邮政，裁撤驿站；改革财政，编制国家预算等。

(二)政治方面：裁汰冗员，取消重叠的行政机构，允许官民上书言事；准“旗人”自谋生计等。

(三)军事方面：裁减绿营，力行保甲；训练海陆军，各省军队皆使用洋枪，改练洋操等。

(四)文教方面：废除八股取士制度，改试策论；取消各地书院，改设学校，创办京师大学堂；设立译书局，翻译外国新书；允许自由创办报馆和学会，派留学生出国等。

光绪皇帝颁布的新政诏令，遭到顽固派和洋务派的阻挠，他们或推诿敷衍，或根本不予理睬。地方督抚中只有湖南巡抚陈宝箴一人支持新政，认真执行诏令。由于顽固派和洋务派的抵制，变法诏令大多成为一纸空文。当慈禧感到局势不可控制之时，她当即决定以政变来终止变法，重新控制全国局势。九月二十九日，慈禧当夜从颐和园返驾紫禁城，囚禁光绪于中南海瀛台，宣布临朝“训政”，随后下令捕杀维新派。之后康有为、梁启超流亡海外，戊戌六君子饮刀菜市口，参与变法的官员也相继被革职、流放或判刑。新政除设立京师大学堂一项外，全部废止。近代中国探索国家出路的又一次努力，终告失败。

康有为组织和领导的戊戌变法，是中国近代第一次民主宪政运动，在中国近代史上的进步作用，是不可磨灭的。鲁迅先生曾说：“广东举人多得很，为什么康有为独独那么有名呢，因为他是‘公车上书’的头儿，戊戌政变的主角。”①寥寥数语，勾画了康有为在中国近代史上的地位。

康有为不但是清末维新运动的领袖，也是中国近代思想史上重要的思想家。除了《新学伪经考》和《孔子改制考》外，被梁启超认为是康有为政治论文代表作的《大同书》，反映了资产阶级维新派的大同社会主义理想，更体现了中国人民对公正幸福的理想社会的渴望，在思想史上有很高的价值。梁启超曾多次言及此书，在其所著《清代学术概论》中，谓其“理想与今世所谓世界主义、社会主义者多合符契，而陈义之高且过之”。②

二、康有为的复辟与近代军阀

1898年戊戌维新惨遭失败，“六君子”被杀害，康有为逃到日本，开始了他长达十几年的流亡生活。当康有为到达日本时，中国历史上最著名的革命党人孙中山也在日本招兵买马。孙中山是非常希望能够和康有为合作的，后在日本人宫崎滔天等的联络下，孙中山、陈少白等多次与梁启超会谈合作事宜。陈少白也曾拜会康有为，要求康有为放弃保皇改良主张，采取革命的方式联手推翻清王朝，但由于康有为坚持不能忘记“今上”（光绪皇帝）的立场，合作没能达成。同时康有为在海外成立“保皇会”，组建“保皇军”，并加紧训练。

1911年清帝逊位，按《优待条例》，清朝的末代皇帝溥仪及皇室成员仍旧可以住在北京紫禁城的皇宫里。这样，在溥仪的周围就聚集着一批遗老遗少，他们时刻准备复辟。辛亥革命推翻了清政府，对康有为的通缉令也就不存在了。1913年康有为回国，回国后的康有为以“亡国臣民”自居，对新生的中华民国充满敌意。他撰文“十不忍”来表达自己当时的心情：“睹民生之多艰，吾不能忍也；哀国土之沦丧，吾不能忍也；痛人心之隳落，吾不能忍也；嗟纲纪之亡绝，吾不能忍也；视政治之窳败，吾不能忍也；伤教化之陵夷，吾不能忍

① 鲁迅：《鲁迅论文学与艺术》，人民文学出版社1980年版，第772页。
② 梁启超：《清代学术概论》，中国人民大学出版社2004年版，第203页。

也；见法律之蹂躏，吾不能忍也；睹政党之争乱，吾不能忍也；慨国粹之丧失，吾不能忍也；惧国命之纷亡，吾不能忍也。”他的“十不忍”表露的是他对清帝失位、朝廷被废、孔子学说退出历史舞台的残酷现实的悲痛心情，对革命派推翻清朝的强烈不满，同时也是为复辟运动寻找借口。康有为是受过正统的儒家思想教育的知识分子，加之光绪皇帝对其有知遇之恩，所以虽历尽沧桑，却仍钟情于清皇室。回国后的康有为开始走上了复辟的道路。但当时康有为所拥有的只是他在戊戌变法过程中积累起来的政治声望，这不足以完成复辟大业，于是他想到了依靠实力强大的军阀们。他的两次复辟行动都与军阀势力息息相关，第一次复辟是联合张勋，第二次是想借助吴佩孚的力量，但终因吴佩孚的不支持而流产。

先谈谈张勋复辟。张勋原是清末的江南提督，民国时被袁世凯提拔为江苏都督、长江巡阅使等职。民国成立，政府限期一律剪辫，但张勋和他的军队依然留着辫子，以示“不忘怀于清室”，时人称其为“辫帅”，他的队伍为“辫子军”。回国后，康有为积极为复辟做宣传，其主编的《不忍》杂志在上海发行，全部登载他攻击民主共和制度的言论，声称中国的革命会招致“亡国”。复辟分子们习惯把康有为和张勋并列，称他们为“文圣”和“武圣”。从1916年6月到1917年5月，张勋召集军阀，先后召开了四次密谋复辟的徐州会议，并商定了复辟的计划：第一步是解散国会，第二步是逼迫总统退位，第三步是宣布复辟。康有为时常被邀请去徐州，为张勋的座上客。

1916年9月27日，康有为应张勋之邀，从济南到徐州，希望为复辟出谋划策，这是他们的首次会晤。会谈中，康有为大谈政治的腐败、共和的危害，极力鼓吹复辟，深得张勋的赞同。康有为做演讲，张勋也前去聆听，大受感动。为了达到逐渐由赞成复辟的人马来掌管政府最终顺利实现复辟的目的，张勋不遗余力地推荐选举康有为为副总统，提案后来没被国会接受。为了扩大复辟派的影响，康有为又在上海创办《国是报》，连续刊登复辟文章，宣传复辟思想，成为复辟派的喉舌。张勋为表示对康有为的支持，主动拨款资助康在上海办《国是报》。此外，康有为几次致函张勋，鼓动其早日完成复辟大业。在1916年9月底的信中，康有为首先夸赞张勋“既勇略冠时，更义心独抱，恋恋故主，耿耿孤忠”，接着即提醒张勋，应当充分利用其“坐拥重兵，镇握齐徐车毂之枢，举足为天下轻重”的有利条件，尽快举兵勤王，完成“功照日月”之复辟大业。并说如果不当机立断，先声夺人，就会坐失良机，只能是“受制于人，身家不保，身败名裂”。受康有为的鼓动，张勋已为所动，但由于条件不成熟，张勋没有北上。但此后，张勋加紧了复辟的步伐。1917年初，为了进一步催促张勋实行复辟，康有为执笔，代表上海诸遗老致函张勋，指出，“方今九服陆危，四邻环伺”，只有“迎奉銮舆，早日反正”，才能“上妥九庙，下维人心”，并提醒张勋必须排除一切干扰，“斥浮游之论”，才可建“不世之勋”。这封信对张勋下定复辟决心起到了重要的作用。

1917年6月，张勋认为复辟的时机已到，于是利用“调解”总统黎元洪和国务总理段祺瑞之间的所谓“府院之争”的名义，亲率“辫子军”攻入北京，赶走了黎元洪和段祺瑞，并逼迫黎元洪解散国会。之后张勋进入紫禁城，穿上前清的朝服，在养心殿谒见了溥仪。张勋俯伏在地，行跪拜大礼，口称“奴才恭请圣安”，拉开了复辟的序幕。北京城突然挂起了前清的黄龙旗。1917年7月1日上午9时，张勋诚惶诚恐地请溥仪升上皇帝宝座，奏请复位。

随之，由张勋和康有为用“御玺”盖上一道一道的上谕，宣布恢复“大清帝国”，并大肆封官授爵。张勋因“拥戴有功”，被封为政务总长兼议政大臣，加上直隶总督兼北洋大臣，康有为则任弼德院副院长，并被赏头品顶戴，加恩在紫禁城内赏坐二品肩舆，很显然大权尽落入张勋等军阀手中。然而，康有为和张勋在讨论政府体制时，发生了严重分歧。康有为主张君主立宪，实权在议会手中；张勋则主张封建君主制，完全恢复清朝旧制。道不同不相为谋，加之张勋又处处排挤康有为，康有为气得决定离开。

促使张勋复辟的段祺瑞，见张勋已经赶走了他的政敌黎元洪，复辟清朝帝制的倒行逆施又激起了全国的反对，于是就打起了“拥护共和”的旗号，组织“讨逆军”，自任总司令，指挥部队进军北京，结果辫子军不堪一击。康有为见势不妙，躲进美国公使馆，张勋则逃入荷兰公使馆，溥仪再次宣布退位，短命的张勋复辟遂烟消云散，北京政权又落入北洋军阀段祺瑞手中。

正是在张勋复辟问题上，康有为和梁启超彻底决裂。梁启超发表《辟复辟论》，批判康有为在《上海周报》上发表的《为国家筹安定策者》中的复辟主张。张勋复辟一发生，梁启超立即随段祺瑞誓师马厂，参加武力讨伐，他代段祺瑞起草了讨逆宣言后，觉得还不够，又以个人名义发表了一份反对通电，斥责其师为“大言不惭之书生，于政局甘苦，毫无所知”。据说通电写好之后，有人担心会破坏师生友谊，梁启超则回答道：“师弟自师弟，政治主张则不妨各异，吾不能与吾师共为国家罪人也。”

复辟与反复辟力量对比的悬殊，康有为和张勋政治主张的严重分歧，加上辛亥革命的一个重要影响，即民主共和的思想已经深入人心，这些都决定了张勋复辟必然会失败。

然而对参与这次复辟活动的康有为，史界论者一向认为，这次复辟是由

“武圣”张勋和“文圣”康有为合作演出的一出复辟丑剧，把康有为看作是复辟的两个主谋之一，甚至作出了康是复辟势力的“祖师”的结论。然而我们根据张勋和康有为在复辟中所从事的实际政治活动来看，在复辟中起决定性作用的，一直是张勋，不是康有为。活动中，康有为只是起了宣传和鼓动的作用，他并没有参与复辟的谋划，复辟的具体计划是由张勋召集军阀通过四次徐州会议制订出来并付诸实施的。到了后期，也是复辟的最重要时期，由于两人政治主张的不同，张勋排斥康有为，康有为退于无权地位，不得过问政治，更是对复辟没有起到实际的作用。如果要给复辟中的康有为定性的话，他最多只能算是一个居于次要地位的同谋。康有为参加并领导复辟，一是为了报答清室恩典和向清帝表现愚忠，更主要的还是他想借此机会实行君主立宪的政治理想。

张勋复辟失败后，康有为依然不死心，他接着想借助吴佩孚的力量来实现自己的政治理想。他曾两次拜访吴佩孚，劝说吴佩孚起兵倒戈复辟。康有为之所以想到联络吴佩孚，一是因为吴佩孚的抱负及复古思想和康有为有诸多相通之处，二是因为吴佩孚有实力，有赫赫的战功。但吴佩孚对康有为的政治思想和活动并不赞成，吴佩孚向往一种“父老政治”。他说：“中国有世界无比之国体，试问世界上究有何国如中国广土众民，能继承五千年之历史者？……中国本有‘敬老尊贤’，千古不变之美风，一家存敬老之观念，一乡行尊贤之精神，国家之基础，由是而固。……古来圣贤治国之要谛，即以父老政治以立国基础是也。所谓父老，实指年高德劭，其言行可以为众人之仪表者而言。”①由此可以看出，吴佩孚是决不会扶持废帝溥仪复辟的，加之当时正军阀混战，吴佩孚虽大权在握，但他不可能分出兵力去复辟。康有为的第二次复辟计划宣告流产。

三、晚年的康有为

两次复辟失败后，康有为已走到了他人生的末年。1926 年 9 月，康有为重返北京，这是他最后一次重游京师。这次北京之行，他住在女婿罗文仲的家中，与门人故旧饮酒交谈甚欢。他特地去了他曾经领导公车上书的地方，由子女陪同去菜市口凭吊了戊戌六君子。此外，还去拜谒了清东陵中的顺治帝的孝陵和康熙帝的景陵，并赋诗一首：“凤阁龙楼水汇来，二陵郁郁气佳哉。满山

① 《吴佩孚先生集》编委会：《吴佩孚先生集》上册，台北文海出版社 1966 年版，第 283 页。

松柏从乃绿，嗟尔王孙且勿哀。”诗中还隐隐透露着保皇的气息。

1927 年 3 月 8 日(农历二月初五)是康有为七十寿辰，这次寿诞他原打算在济南过，后来改在上海摆宴。寿诞隆重而热烈，他的入室弟子数十人及长女同薇、次女同璧齐到上海祝寿，清废帝溥仪也派人送来礼物。康有为的得意门生梁启超由北平寄来自撰自书的 16 幅寿屏，述及师生相见情形、康有为的学术渊源及其政治思想，真诚地评价：“戊戌以后之新中国，惟先生实手辟之。今之少年，或能讥弹先生，然而导河积石，孰非闻先生之风而兴者”①，肯定了康有为政治思想的影响。梁启超还曾特别撰文，对康有为评价甚高：“若夫他日有著二十世纪新中国史者，吾知其开卷第一页，必称述先生之精神事业，以为社会原动力之所自始。”②康有为的次女康同璧在《南海康先生年谱续编》的序中也说道：“若论中国之近代史而先君为维新第一人，必无疑也。”变法维新，是康有为一生最为美丽的篇章。

在七十寿诞之后十天，即 1927 年 3 月 18 日，康有为就离开上海，到达青岛，十几天后，猝然离世。对于康有为的离世，他的另一位得意门生、艺术大师刘海粟曾用一句言简意赅的话概括分析：“志不得酬，郁郁终于青岛。”

康有为逝世后，梁启超在北平集合同门开会追悼。在《公祭康南海先生文》中，梁启超特别述及复辟一事：“复辟之役，世多以此为师诟病，虽我小子，亦不敢曲从而漫应。虽然，丈夫立身，各有本末，师之所以自处者，岂曰不得其正？思报先帝之知于地下，则于吾君之子而行吾义，栖燕不以人去辞巢，贞松不以岁寒改性，宁冒天下之大不韪，而毅然行吾心之所以自靖，斯正吾师之所以大过人，抑亦人纪之所攸托命。任少年之喜谤，今盖棺而论定。”③这里梁启超用心良苦，以曲笔为师辩护，高度赞扬了康有为的良好的政治操守，即知恩图报，始终坚持君主立宪的政治主张。在那个政局动荡、军阀混战的年代，像他这样的人是不多见的。

对康有为的评价，至改革开放前，一直沿袭了“五四”新文化的代表人物陈独秀、胡适、李大钊等人的观点。他们把康有为的一生一分为二，即戊戌变法前的康有为是进步的，变法后则是顽固的复辟派、守旧派。如胡适说，“二十年前，康有为是洪水猛兽一般的维新党，现在康有为变成老古董了”。这种

① 丁文江，赵丰田编：《梁启超年谱长编》，上海人民出版社 1983 年版，第 1124 页。

② 梁启超：《南海康先生传》，《饮冰室合集 · 文集》第三册之六，中华书局 1989 年版，第 59 页。

③ 梁启超：《公祭康南海先生文》，《饮冰室合集 · 文集》之四四(上)，第 28-30 页。

把康有为的一生分为由先进到落后反动的评判影响深远，几乎成为“五四”时期到改革开放近60年学术界对康有为的定评。但是变法后的康有为是否真如他们所说的是落后反动的呢？

首先我们通过两件事来看看。一是康有为一生坚持保皇，而死后溥仪拒绝赐谥，原因是康有为曾要求改清室国号为中华，这里我们可以看出康有为所主张的虚君共和和君主专制是有本质区别的。二是拜访过康有为的徐志摩曾不无感慨地说：“从前，我把老先生看成活古董，可敬而不可亲，谁知他连《新青年》等激进刊物也看，手不释卷。”历史上大凡时刻关注时代发展趋势的思想家，他的思想不可能是固执和落伍的。

此外，阅读康有为后期的著述，会发现，长期海外流亡的游历经历，通过近距离的观察与研究，康有为对西方世界的认识已经发生了深刻的变化。比如对君主立宪和民主共和两种民主体制的认识，戊戌前康有为对中西的比较偏重于政治制度的优劣，但在流亡期间他开始认识到同样是君主立宪制的国家，有强有弱，而同样是民主共和制的国家，也有好有坏，这两种制度无所谓孰优孰劣。他还认识到西方国家强盛的原因不在于政制的优劣，而在于重视物质的精进和综合国力的提高，因此他提出要物质救国、科学救国。这些都表明，戊戌变法后的康有为思想并不落后，相反比之前更加深刻和全面。对于康有为在辛亥革命后提倡虚君共和的行为，如果将其斥为反动，实在过于偏激，因为他与革命派的最终目标是一致的，即消灭君主专制政体，而推行民主制度。只是方式上，康有为主张采取渐进的方式，否定革命为变革的可靠手段。无论是渐进的改革，还是激进的革命，在使当时的中国走上独立、富强、民主的道路上都同等重要，不能厚此薄彼。

◎参考书目

1. 梁启超：《康有为传》，团结出版社2004年版。
2. 汪荣祖：《康有为论》，中华书局2006年版。
3. 马洪林：《康有为评传》，南京大学出版社2011年版。
4. 萧公权：《康有为思想研究》，中国人民大学出版社2014年版。

第九章　梁　启　超

◎**学习提示：** 出生于广东新会的梁启超自幼天资聪颖，被誉为"神童"、"岭南奇才"。考中秀才后，即追随康有为从事维新变法。变法失败后，流亡海外十余年。梁启超一生忧国忧民，自维新运动始，他时刻都在思考中国社会的出路问题，并不断用文字向人们介绍新思想、新知识，解除人们心头的种种疑惑。中华民国成立后，梁启超回国，积极投身政治实践活动。他虽没能实现自己的政治理想，但他为国家民族所付出的努力仍值得我们尊敬。1917 年，梁启超绝意政治，潜心致力于学术救国和教育救国，影响和造就了很多青年人乃至数代知识分子。梁启超是国人心中的导师，他是中国最早的新知识分子，他不断用文字对中国人进行思想启蒙，倡导推行全面现代化，堪称清末民初走在中国思想界最前沿的一位思想家和教育家。

盖棺论定，梁启超逝世后，他的朋友及当时中外学者、社会活动家，普遍认定梁启超是杰出的学者、启蒙思想家、改革家、中国近代文化的奠基人、导师、革命元勋、精神之父，名震中外、功垂千秋，可以说给了梁启超很高的评价。然而对于这样一位经历了晚清、民国两个历史时期，并有较大影响的历史人物，学术界对他的评价却有很大分歧。

有人认为，戊戌变法前，他是中国近代第一次思想解放潮流中的英勇斗士，是"言论界的骄子"，但变法后，他却成了革命的绊脚石。甚至还有人认为，梁启超是个声名狼藉的政客，是个反复无常的小人。特别是自 20 世纪 30 年代开始，中国激进的社会主义者对梁启超大加批判，将梁启超一派人的政治主张斥为中间道路、改良主义者，说他们拥护资本主义是真，而同情社会主义是假。这种批判，在"反右斗争"中进入更激烈的阶段，"文化大革命"中更是发展到高潮，甚至视梁启超为反革命。

但我们应该看到，梁启超的政治主张虽然多变，但他坚持反对封建专制，争取民主宪政的斗争原则没变；坚持反帝爱国，争取民族独立的呼声没变；坚持以资本主义为过渡逐步发展社会主义的原则，坚持渐进反对急进，坚持发展资本反对节制资本的原则没变。既反对完全的资本主义私有制度，又同情社会主义精神，既反对守旧不变，又反对激进飞跃。他的思想始终是与时俱进的，“善变”是梁启超的特点。

改革开放以来，史学界对梁启超的研究进入到一个新的阶段。近年来，有关梁启超的研究论著都不同程度地摒弃了以往强加在梁启超头上所谓“保皇”、“保守”、“反革命”、“改良主义”等帽子。耿云志、李喜所、董方奎等人在他们的论著中，则完全摒弃了“保皇派”、“反革命”和“改良主义”等不实之词。耿云志指出，所谓改良主义是“反动的运动”、“反革命的运动”的说法，都是“违反历史事实的教条主义的结论”，是“完全错误的结论”。耿云志、李喜所、董方奎都认为发展民族资本是近代中国社会发展的中心问题之一，梁启超承认和推动这种发展，并提出”奖励资本“，比之革命党人提出的“节制资本”更具有现实合理性、远瞻性。我们就一起来看看这位走在时代前沿的思想家对时代的影响。

一、梁启超身世经历

梁启超，1873 年出生于广东省新会县一个具有诗书传统的耕读之家，祖父是晚清秀才，父亲是乡村书塾先生。梁启超自少便受到严格的家庭教育，七岁起开始学写文章，八岁便能写出洋洋洒洒的千言佳作，九岁时更是诗才敏捷，乡里称其为“神童”。1884 年，他 12 岁，中秀才。1889 年中举人，被誉为“岭南奇才”。据后来梁启超自己所说，《史记》一书他能背诵十之八九，唐诗、宋词更是能倒背如流。1890 年入京参加会试，不中，回粤路经上海，购得《瀛环志略》，始知世界有五大洲各国。同年 8 月，拜南海康有为先生为师。1891 年入读康有为创办的万木草堂，自称“生平知有学自兹始”，开始接受康有为的思想学说，并由此走上改良维新的道路，时人将他们二人合称“康梁”。

1895 年春再次赴京会试，梁启超协助康有为，发起“公车上书”。维新运动期间，梁启超表现活跃，曾主北京《万国公报》和上海《时务报》笔政，又赴澳门筹办《知新报》。他的许多政论在社会上有很大影响。1897 年应湖南巡抚陈宝箴的邀请，赴长沙时务学堂任总教习。1898 年回京，积极参加“百日维新”。7 月，受光绪帝召见，奉命进呈所著《变法通议》，赏六品衔，负责办理京师大学堂译书局事务。

1898 年 9 月 21 日，戊戌政变发生，清政府下令严拿康、梁，梁启超于是逃亡日本，协助康有为处理保皇会与勤王起义事宜。1901 年春，梁启超著《南海康先生传》，开办广智书局，6 月发表《立宪法议》一文，主张君主立宪。1902 年初梁启超创办的《新民丛报》在横滨出版，2 月至 7 月，梁在《新民丛报》上发表《新民说》。他还创办《新小说》，发表《新中国未来》。居日期间，他遍搜西书，通过明治日本吸收西欧的思想，思想与以前相比已大有变化。

1903 年梁启超应美洲保皇会邀请赴美洲游历，先后抵达温哥华、纽约、波士顿、华盛顿、费城、芝加哥、西雅图、旧金山、洛杉矶，后经温哥华返回日本横滨。此次游历长达八个月，返日后撰《新大陆游记》，刊登于《新民丛报》。是年，《饮冰室文集》第一次结集出版。

1905 年革命派的机关报《民报》创刊，梁启超的《新民丛报》与其展开激烈的论战。1906 年，梁启超代五大臣起草《考察各国宪政报告》，清政府宣布"预备仿行宪政"。1907 年 10 月，梁启超在东京建立"政闻社"，期望推动清政府实行君主立宪，后遭清政府查禁而告解散。1911 年清政府责成袁世凯组阁，任梁启超为司法副大臣，梁辞而未就。1912 年，孙中山在南京宣告中华民国成立，梁启超结束流亡生活，9 月 28 日离开日本返回中国。

回国后，梁启超曾任民主党首领，后民主党、共和党与统一党合并为进步党，他被选为理事。1913 年进步党熊希龄组成"人才内阁"，梁启超出任司法总长。但"人才内阁"仅运行了五个月，就宣告解散。梁启超辞去司法总长职务，任币制局总裁。1915 年袁世凯称帝野心暴露，梁启超发表《异哉所谓国体问题者》，其后与蔡锷策划武力反袁。1915 年底，护国战争在云南爆发，1916 年梁启超经越南赴两广参加反袁斗争。1916 年 6 月袁世凯众叛亲离，在全国人民的讨伐声中死去。1917 年 7 月段祺瑞内阁成立，梁启超任财政总长；9 月，孙中山发动护法战争；11 月，段内阁下台，梁启超随之辞职，从此退出政坛。

1918 年底，梁启超以巴黎和会中国代表团会外顾问的身份赴欧。此次赴欧，梁启超也是想了解第一次世界大战后的西方社会。1920 年梁启超回到中国后，潜心从事文化教育和学术研究活动，其《清代学术概论》就是在这年脱稿的。1921 年梁启超在南开大学主讲中国文化史，在京、津学校讲演和赴各地讲学。1922 年 10 月起，在南京国立东南大学讲授《先秦政治思想史》，同年《中国历史研究法》出版。1923 年梁启超在清华大学讲学，次年《中国近三百年学术史》出版。1925 年被聘任为清华国学研究院导师，并担任北京图书馆馆长。

1926 年梁启超忽患便血病，朋友丁文江建议他入中国最早的西医医院协和医院治疗。但协和医院却误将他的好肾割掉。这一事件传出后，刚传入中国的西医立刻成为众矢之的，一时反对西医的声音甚嚣尘上。在这种情况之下，梁启超在《晨报》上发表了《我的病与协和医院》，公开为西医科学辩护。虽然私下里，他对家人说，这次手术确实是协和有失误，但面对公众舆论，他还是发表了为协和、为西医、为科学辩护的文章。因为，他“怕社会上或者因为这件事对于医学或其他科学生出不良的反动观念”。在自己的病和坚持的真理之间，他选择的是后者，留给后人许多感慨和敬仰。1929 年 1 月 19 日，梁启超病后再次住进协和医院，最后在该院病逝，终年 57 岁。

二、中国近代最早的新知识分子

清末民初，是中国社会发生巨变之时。在那个时代，引领时代潮流的，几乎全是知识分子。先进的爱国知识分子给中国社会带来无限生机，他们努力用知识、思想和行动把僵化停滞的社会改为新鲜活泼的社会，推动了中国现代化的进程。其中，梁启超就是一位极为独特和杰出的人物，他堪称中国近代最早的新知识分子。

之所以称梁启超是中国近代最早的新知识分子，因为他与之前的知识分子相比，所掌握的知识新。他参加过科举考试，是旧中国的最后一批士大夫，又是新时代的第一批知识者。梁启超比他的老师康有为更早和更多地脱离了传统文化的束缚，成为最早的新知识分子，他对新知识的介绍和运用在那个时代是无与伦比的。他是著名的政治家、思想家，又是活跃的社会活动家，同时也是成就斐然的学者和文化工作者。他明确地提出以学术、文化救国的口号，并且身体力行。

首先，他大力提倡引进以政学为主的社会科学和人文科学，改变了单纯引进技术的趋向，为近代中国学术文化结构的建立做出了突出的贡献。同时他又批判地继承中国传统文化，促进了中国新文化的诞生。其次，他主张“史界革命”，提倡新史学，为今天史学的繁荣奠定了基础。他发起“文学革命”和“诗界革命”，以独特的“新文体”为“五四”文学革命打下基础。他是公认的“言论界之骄子”、近代报业之第一人，在他的引领下，中国在 1905 年前后出现了第一次全国性的办报高潮，他自己所办的一些报刊当时影响很大。他还主持筹办了北京图书馆，并任首任馆长，为图书事业尽心尽力。此外，他在宗教学、伦理学、经济学、文化学、社会学、新闻学、科技史、教育学、外交学和对外文化交流事业等各个方面都有突出的贡献，对中国学术文化的转型起到全面而又重要的影响。1929 年 4 月版《美国历史评论 · 史学界消息》称赞梁启超说，他

“以非凡的精神活力和自成一格的文风，赢得全中国知识界的领袖头衔，并保留它一直到去世”。

正因为如此，他才能广泛地影响其后的数代知识分子。在第一代新型知识分子中，梁启超影响和造就的进步青年学生和知识分子最多。有人说他影响了两代知识分子，有人说他影响了三代、四代甚至更多。作家曹聚仁说：“过去半世纪的知识分子，都受了他的影响。”①而从现在看来，梁启超的影响还不止半个世纪，可以说他的思想影响了几代人，甚至李大钊、陈独秀、鲁迅，胡适、毛泽东、周恩来、郭沫若、吴玉章、梁漱溟、邹容、邹韬奋等著名人物都曾受过他的影响。读这些历史文化名人的传记、回忆录，他们无一不提到梁启超对他们的强烈震撼和巨大影响。

三、首倡全面现代化

台湾学者黄克武指出：“现在多数学者都认为在 19 世纪末、20 世纪初年梁启超是第一位主要提倡‘现代化’的中国思想家，这一取向后来并成为中国思想界的主流。”②关于现代化的内容，有各种理论，一般人根据西方的经验，将其认定为主要指工业化。然而在梁启超看来，中国因特殊原因，需要推行全面的现代化，这是梁启超对中国国情进行认真研究后做出的论断。全面的现代化包括政治、经济、学术、文化、思想道德各个方面，既有社会的现代化，也包括人的现代化。而梁启超是最重视文化的现代化和人的现代化的知识分子。

作为政治家和思想家，他发起和参与了清末民初的一系列现代化运动。首先，他参与策划了戊戌维新运动，这是中国第一场政治和思想、文化的现代化运动。戊戌维新虽然暂时失败了，但是它开辟了中国政治现代化的道路。戊戌维新前后，梁启超创办《时务报》，担任主笔，发表了著名的《变法通议》，又先后主编《清议报》、《新民丛报》，主张“君主立宪，扩大民权”，并与革命派展开论战。他又大量介绍西方社会、政治、经济、哲学、历史等理论和著作，如前所述，其激烈言辞不亚于革命派，从客观上对辛亥革命起了推动作用。此后，梁启超又领导和推动了清末的立宪运动和保路运动。他早期的革命宣传和后来的立宪活动都直接或间接地影响了辛亥革命。

① 曹聚仁：《中国学术思想来随笔》，三联书店 1986 年版，第 350-351 页。

② 黄克武：《一个被放弃的选择：梁启超调适思想之研究》，台北中央研究院近代史研究所 1994 年版，第 21 页。

梁启超不断与专制势力斗争，日日倡民权、反专制。晚清时期，主张改变君主专制制度。民国初年，虽一度与袁世凯合作，但当袁世凯阴谋称帝的真面目暴露后，他又第一个站出来，和蔡锷一起，发起护国运动，极力反对袁世凯称帝。梁启超还开创和推行“民意外交”，一战后他主动以民间代表的身份前往欧洲，任巴黎和会中国代表团会外顾问，主张力争国权。

梁启超用文字向国民介绍新思想、新知识，宣传爱国主义，促进人的现代化。在中国民族危机深重，中国人对前途感到迷茫之时，梁启超写了大量文章，解除人们心头的疑惑，振奋国民救国的信心。梁启超的文字感染了当时很多的年轻人。为了救国，梁启超真正做到了“国事、天下事，事事关心”。凡是他认为有益于国家的学问，他都要研究；凡是他认为有利于救国的事业，他都要不辞辛苦，不计得失努力完成。毛以亨曾这样评价他：“他有站在时代尖端，来指导国人的习素，而国人亦有先听他怎样讲再说的惯性。他已取得一言为天下法的地位，故每遇一次变动，都抢先发表一篇文章，拿出主张来，做国人的指南针。”

梁启超日夜忧国救国，都源于他对国家和民族的强烈的责任感。他时时刻刻强调责任，时时谈如何报国，如何报答国民。在他的著作中，随处可见“责任”、“天职”、“报国”这类字眼。他还经常教育子女要为社会尽力以报社会之恩。对自己的言行和思想，梁启超还经常自责、反省，无情地自我批评。爱国知识分子都有强烈的责任心，但很少有像梁启超这样强调责任又不断自责的。

四、塑造中国新民

中国要从专制社会顺利过渡到民主社会，其中重要的一点是要塑造中国新的国民。在中国，梁启超最早发起思想启蒙运动，并提出塑造中国新民的任务。梁启超的《新民说》对中国落后国民性的批判振聋发聩，几乎成为当时中国新知识分子必读的著作，激起无数青年的救国责任感。毛泽东、鲁迅等都深受其影响。在《新民说》中，梁启超首先以近代化为坐标，对“民”在国家中的地位作了明确的界定；接着他从国事与国民的关系中，论证了新民的必要性；最后他把人的改造与法的建设相比较，阐述了新民的重要性，并且认为在社会进步中，人的改造比法的建设更为重要。

如何塑造中国新的国民，梁启超认为核心是要通过教育与人才培养。梁启超是一位杰出的教育理论家，同时又是一位杰出的教育实践家。他的《变法通议》，全文讲的都是教育，论及上自研究院下至幼儿园的各级各类学校，对教育的重要性、教育制度、方针、方式方法、人才培养的要求、课程设置，以及德、智、体、美等有关教育理论的各个方面，都有详细论述。他自己还积极投身教育实践活动中，通过学校、学会、社团、报刊等多种途径进行教学，塑造新民。

美国学者张灏曾高度评价梁启超国民理想塑造的意义，他指出，梁启超塑造的一代新民，与现代中国之间的联系，要比五四“新青年”更具有代表性。他还说：“梁启超的国民理想看来对过去半个世纪来各个思想流派中的绝大部分中国知识分子都有着持久的吸引力，甚至在今天，他仍然是共产主义中国价值观体系的一个重要组成部分。从这一角度来看，在从传统到现代中国文化的转变中，19 世纪 90 年代中叶至 20 世纪最初 10 年里发生的思想变化应被看成是一个比‘五四’时代更为重要的分水岭。在这一过渡时期，梁是一位关键人物，他继承了晚清思想中儒家经世致用的传统，同时将这一传统固有的关切转变为以他著名的国民形象为标志的新的人格和社会理想。其思想成为 20 世纪中国意识形态运动的一个重要的和永久的组成部分。”①在中国，是梁启超第一个提出国民理想的塑造，也是他最早全面、系统研究国民性的问题，这对于实现人的现代化有着重要意义。

那一代的知识分子都受了梁启超的影响，梁启超对他们的影响是多方面的，包括政治思想，对学术、文化的态度，人生道路的选择及信仰、价值观、道德等。无论是哪个方面，最终都归结到以现代化救国这条道路上。台湾学者张朋园评论说：梁启超的影响，“对近六十年来的中国，无论政治、经济、财政、社会、学术，其深远处，几无出其右者。如舍了任公不谈，都将残缺不整。他的一生，真是多彩多姿的”。

五、晚年梁启超

1917 年 11 月，梁启超脱离政界，潜心于学术和培养人才。在这期间，他有两次游历欧洲的经历。第一次是 1919 年春，他这次去的目的是研究十月革命后西方社会的变化，思考中国向何处去的问题。在新文化运动中，他不主张笼统呼喊“打倒孔家店”，认为不能否定优秀传统文化。1920 年他又再次去欧洲考察了四个多月，写了其晚年的名作《欧游心影录》。这是一篇研究中国采用何种文化、走什么道路的重要历史文献。其中讨论的很多问题，如国际上隐

① ［美］张灏：《梁启超与中国思想的过渡》，江苏人民出版社 1993 年版，第 218 页。

患，科学万能之梦、阶级政治与全民政治、思想解放、自治、国民运动、中国人对于世界文明之大责任等问题，在今天依然是焦点问题。

在军阀混战中，他拒绝军阀的拉拢，努力呼唤国民猛醒，争取民主立宪政治，呼吁“裁兵”以抑制军阀横行，促进国内和平统一。“五卅”运动中，梁启超四处奔忙，发表宣言及电函十数通，号召并支持罢工，要求惩凶、赔偿、道歉，进而收回租界、取消领事裁判权等，为争取运动的胜利作出了巨大努力。1927年春，北伐军节节胜利，震动全国，梁启超一方面赞成打倒万恶的军阀，结束长期军阀割据的局面，但同时又对工农运动中的“偏激”行为表示不理解。有人因此就说晚年的梁启超“沉沦”倒退，其实我们仔细阅读梁启超的文字并分析他的行为，可以发现梁启超也是大同思想的追求者，主张中国向社会主义方向发展。只不过他认为社会发展是渐进的、分阶段的，主张必须优先并奖励发展资本主义，以资本主义为过渡，逐步向社会主义发展，反对任何形式的激进的社会主义。

六、与时俱进：梁启超思想的特点

梁启超思想最大的一个特点是与时俱进，这从他和保皇派、革命派及复辟派分分合合的关系中就可以看得出来。但唯一不变的便是他救国的目标，凡是有利于救国的，他都愿意接受并改变自己已有的观念。

首先谈谈梁启超与保皇派的关系，这里主要谈其与老师康有为之间合分的过程。维新运动中，梁启超是康有为的得意门生和得力助手，他接受了康有为完整的改良主义思想体系。他们寄希望于清王朝能够施行一次自上而下的彻底改革以挽救国家。这时两人的思想和行动是比较一致的。

戊戌变法失败后，梁启超流亡日本。在日本期间，梁启超遍搜西书，接受很多新事物、新思潮，思想和言论开始发生很大的变化。在东京，梁启超与孙中山等革命派交往密切，大量接受了西方资产阶级的政治学说，再加上他对戊戌变法失败的反思，使他的思想不断趋向激进。而老师康有为却死守保皇思想，师生之间从此产生裂痕。梁启超抱着“吾爱吾师，吾更爱真理”的信条，于1899年在《上南海先生书》中，委婉地申述了他的政治主张：“国事败坏至此，非庶政公开，改造共和政体，不能挽救危局。今上贤明，举国共悉，将来革命成功之日，倘民心爱戴，亦可举为总统。吾师春秋已高，大可息影林泉，自娱晚景。启超等自当继往开来，以报师恩。”后来社会矛盾日益激化，革命浪潮蓬勃发展，梁启超在1902年再次致信康有为，情词恳切，信中明确地将斗争的矛头指向清政府。康有为严厉指责了梁启超，他认为，梁启超转向革命，原因在于他本身的“流质易变”。梁启超则觉得康有为不识时务。政治见解的分歧，已使得他们再无继续合作的希望，为了救国，他只能同康有为分手。梁启超在1912年致康有为的信中说：“师之光明磊落，无一事自愧天良，弟子敢以百口为师辩，然师平昔事无大小，举措乖方之处，不一而足，弟子不能心悦诚服，无论如何也。日来动生矛盾，全非因薄物细故，实则以吾师之理想，多非童顽驽下所能喻，故彷徨焦灼，不知所以自处耳。”张勋复辟中，梁启超是坚决反对康有为的行为的，替段祺瑞写了讨逆宣言后又特别写了一封个人通电，评价老师是大言不惭的书生，于政局甘苦，毫无所知。此时的梁启超认识到只有运用新思潮的思想体系才能救国，政治见解上的差异，使得梁启超与康有为彻底分手。

其次，再谈谈梁启超与革命派的关系。梁启超流亡日本后，思想发生了较大变化，逐渐倾向于革命。1899年的夏秋间，梁启超在日本和孙中山接触密切，两人有较大程度的共识。在给孙中山的信中，梁启超表示，自己数年来办事的宗旨，从未改变，那就是力求国家的独立，但是救国的方略，则随时可以变通，只要谁能救国，梁启超就会倾心相助。无论是梁启超还是孙中山，他们都希望在中国发展资本主义，建立资产阶级的统治。

1900年4月梁启超给孙中山的信中，称“勤王”形势是全国人心，此时的他是希望用比较缓和的手段，取得比较理想的目的，用梁启超自己的话来说是“名为保王，实则革命”，以达到“兴民政”的目的。“武装勤王”最后以失败而告终。1903年是梁启超政治思想发生大转变的一年。一方面，革命活动中发生的一些现象，使梁启超认识到当时中国大多数民众还没有具备共和国国民的资格，而在革命阵营中，尚有部分人还不具备作为革命者应有的品德。如果盲动，按当时的国民素质，必然会引起“自然的暴动”，并导致社会大破坏和外国侵略者的乘虚而入，其结果必然是给国家带来灾难，害国害民。另一方面是八个月的旅美生活中，他深入考察了美国的历史和现状，尤其是美国的社会状况，再反观中国社会现状，给他留下印象最深的是当时中国国民素质的低下。旅美回来，他写了《新大陆游记》，书中他认为中国人有四大缺点：一是有族民资格而无市民资格；二是有村落思想而无国家思想；三是只能享受专制而不能享受自由；四是无高尚之目的。此时的梁启超对中国国民性的弱点有着深刻的认识，在他看来，跟富强、发达的西方国家相比，中国人的国民素质是低下的。因此，要走西方国家的那条强国之路，当时最主要的不是去追求共和、民主等虚名，而是提高国民的整体素质，即新民，而不是革命，否则，救国就成了空谈。再加上当时清政府已经决定派载泽等五大臣出洋考察宪政，预备仿行立宪，还在被清王朝通缉的梁启超看到清政府已答应行宪政，自然感觉革命是多此一举了。

针对梁启超的这一转变，时人或后人多有微词。由于对社会时局的把握和认识的不同，梁启超后来的思想没有像孙中山的革命派那么激进，但我们应该看到，作为一个先进的知识分子，梁启超在转变的过程中，始终没有忘记救国，在当时群众还没有普遍觉醒的时候，这种思想是有其积极意义的，我们应给予他客观公正的评价。

最后，谈谈梁启超与复辟派的关系。他与袁世凯的关系，也是经历了一个合、分的过程。梁启超从"拥袁"到"反袁"，其实也是他逐渐认识袁世凯本质的一个过程。他"拥袁"，是希望借助袁世凯的政治地位和军事力量，改变"乱暴社会"，稳固政局，稳定社会，并在此基础上，带着袁世凯走上正确的政治轨道，把国家引向民主宪政的格局，以实现他梦寐以求的立宪共和的政治理想。梁启超踌躇满志，准备将自己多年的救国安邦之策付诸实践时，却处处受到袁世凯的限制，尤其是当面对袁世凯日益加强的专制独裁步伐时，梁启超感觉自己看准了袁的实力，却看错了袁的为人。梁启超对自己"拥袁"的策略开始怀疑和动摇了。梁启超"反袁"，是因为他认识到了袁世凯的本质，认识到自己借助袁世凯实现自己对国家民族美好设计的愿望是行不通的，并且袁世凯还要违背社会发展规律开历史倒车，因此梁启超断然举起了"反袁"大旗。他不顾袁世凯的威逼利诱，毅然发表了那篇传诵一时的名文《异哉所谓国体问题者》，积极从事护国运动。在某种意义上讲，梁启超是护国运动的主要领导人：他既是护国战争的策划组织者和舆论宣传的主将，又是反袁统一战线的促成者。

辛亥革命前后，梁启超的政治态度体现在他跟保皇派、革命派、复辟派的合与分的过程中。无论是分还是合，梁启超都是出于真心。无论思想怎么变化，但他救国的真心却没有变。尽管梁启超没能找到一条正确的救国救民之路，但从主观上讲，他抱着救国的理想，始终与时俱进，并且身体力行，为之付出了毕生的精力。我们对历史人物的评价应该把历史人物置于那个时代的大背景下来进行纵向、全盘的考察，这才符合唯物史观，对梁启超的评价也应该如此。

◎参考书目

1. 李喜所、元青：《梁启超新传》，商务印书馆 2015 年版。

2. 吴其昌：《梁启超传》，江苏人民出版社 2014 年版。

3. 张朋园：《梁启超与清季革命》《梁启超与民国政治》，上海三联书店 2013 年版。

4. 蒋广学、何卫东：《梁启超评传》，南京大学出版社 2011 年版。

5. 黄克武：《一个被放弃的选择：梁启超调适思想之研究》，新星出版社 2006 年版。

6. 董方奎：《旷世奇才梁启超》，武汉出版社 1997 年版。

7. 梁启超：《梁启超自述》，人民日报出版社 2011 年版。

8. [美]张灏：《梁启超与中国思想的过渡》，江苏人民出版社 1993 年版。

第十章 孙 中 山

◎**学习提示**：中国民主革命先行者孙中山先生接受过系统的西方文化教育，深知民生疾苦和社会弊端，有着救国救民的人生大志。为了救国，他弃医从政。在改良思想行不通时，他转向革命，从此开始了他长达 32 年的民主革命的活动。辛亥革命前，他为推翻满清政府建立民主共和制度而不懈努力。辛亥革命后，民主制度屡屡遭到破坏，他又努力捍卫民主共和制度。辛亥革命在历史上具有划时代的意义，不仅影响了中国历史的进程，也大大鼓舞了世界被压迫民族和国家去争取独立自主的斗争。孙中山一生，为了民主革命，屡战屡败却屡败屡战，鞠躬尽瘁，死而后已，他的大公无私的精神及爱国精神，永远值得后人敬仰。

一、有关孙中山的研究与评价

目前我们所能见到的最早的有关孙中山的研究多出自外国友人之手。如 1902 年东京国光书房出版的《三十三年落花梦》，是孙中山先生的日本好友宫崎寅藏所著，该书最早介绍了孙中山的革命事迹。1903 年，章士钊将宫崎寅藏这本书摘编译录而成《孙逸仙》在国内出版后，引起了巨大的反响，大大推动了国民革命。通过此书，国人对孙中山的认识大大改观：之前普遍认为其是“流寇”、“匪党”，而在此书出版后，大部分的革命者都认同了孙中山是中国最早发动民主革命的异乎寻常之士。

最早比较详尽的一部关于孙中山的传记，是孙中山先生的法律顾问、美国人林百克在 1919 年写成的《孙逸仙传记》。这是一本由孙中山口述，经林百克笔录的传记。这本书讲述了孙中山幼年的经历、倡始革命的动机，以及许多的革命言行、事迹等方面，内容极为丰富。还有一本是孙中山先生在香港西医书院求学时的老师、英国人康德黎参与撰写的《孙逸仙与新中国》一书。民国成立后，孙中山就任临时大总统，作为老师的康德黎非常高兴，于是写了该书。

该书极高地评价了孙中山的伟大人格及其领导中国革命的目的，记述了其建设新中国的步骤等。

在国内，最早作学术研究为孙中山撰写传记的是清华学子施滉的《孙中山评传》。这是1924年施滉赴美国斯坦福大学攻读东方学硕士学位时开始撰写的论文。孙中山逝世后，中国国民党尊奉其为“中华民国国父”，大量的孙中山的文集、传记、翰墨、资料、回忆录和阐释三民主义的文章、著作等出版，有关孙中山的学术研究也逐步得到开展。

1924年国共合作建立后，中国共产党的一些理论家就开始对孙中山的“三民主义”作出新解释。真正知道孙中山的巨大价值的，是毛泽东和陈伯达。1938年至1940年，毛泽东写了几篇重要文章，例如《论新阶段》、《中国革命与中国共产党》、《新民主主义论》等，对孙中山先生的思想进行了重要的阐释。1949年蒋介石去台湾后，国民党觉得自己的失败与失去了孙中山这面旗帜有关，于是蒋介石亲自出马，对孙中山和三民主义作意识形态化的解释。此时，大陆在建构以毛泽东思想为中心的新意识形态的过程中，确定孙中山为“中国伟大的民主革命先行者”、“资产阶级革命家”，并认为他的三民主义思想有“新旧之分”，其中“新三民主义是革命的三民主义”等。新中国成立后的数十年内，所有关于孙中山的研究，几乎都是这样的结论。改革开放以来，两岸的近代史学家均逐步摆脱了孙中山研究中的教条主义和意识形态色彩，朝着科学客观的方向去研究，在对孙中山的看法上也就越来越接近。

中外政界名人从历史发展进程的角度，高度肯定了孙中山先生的伟大贡献。毛泽东在《纪念孙中山先生》一文中说：“他在中国民主革命准备时期，以鲜明的革命民主派立场，同中国改良派作了尖锐的斗争，他在这一场斗争中是中国革命民主派的旗帜；他在辛亥革命时期，领导人民推翻帝制、建立共和国；他在第一次国共合作时期，把旧三民主义发展为新三民主义。”①邓小平评价道：“中国从鸦片战争起沦为半殖民地半封建社会，中国人成了世界著名的‘东亚病夫’。从那时起的近一个世纪，我国有识之士包括孙中山都在寻求中国的出路。孙中山开始就想学习西方，所谓西方即资本主义。后来，孙中山觉得资本主义西方不行了，提出‘以俄为师’，学习十月革命后的俄国，开始了国共合作，导致北伐战争的胜利。”②

辛亥革命不仅影响了中国历史发展的进程，也大大鼓舞了世界被压迫民族

① 毛泽东：《纪念孙中山先生》，《人民日报》1956年11月12日。
② 邓小平：《邓小平文选》第3卷，人民出版社1993年版，第205页。

和国家争取独立自主的斗争。越南民主共和国主席胡志明、印度国大党领袖贾卡尔、印度尼西亚总统苏加诺等都高度称赞了孙中山的革命精神和对世界革命的影响。对此，越南史学家章收评价说："辛亥革命对印度尼西亚、印度、泰国等亚洲国家起着很大的政治影响，尤其对近邻越南，它更起着直接、迅速和深刻的影响，使当时正处在摸索、寻找出路的越南革命转向更进步的新时期。"①

今天，孙中山先生受到全中国人的尊敬，可是在西方国家，对孙中山的评价和中国有些不同。如哥伦比亚大学史学教授韦慕庭在20世纪70年代写的孙中山传，书名《孙中山——壮志未酬的爱国者》(*Sun Yat-Sen：Frustrated Patriot*)，1980年另一位美国学者史扶邻写了本名为《孙逸仙：不情愿的革命家》(*Reluctant Revolutionary*)的传记，从书名我们大致可以感受到西方世界对孙中山的评价。孙中山是政治家，所以人们大多根据具体需要塑造其特定的形象，这就需要我们必须不断分辨过去对孙中山的各种描绘，探讨真实的孙中山，或者至少接近于真实的孙中山。

二、早年经历

孙中山(1866—1925)，广东香山翠亨村人。出生于农民家庭，为家中第三子。从小就参与家中农业劳动，孙中山对于旧中国的民生疾苦有了切身的体会。他自谓"生于畎亩，早知稼穑之艰难"。幼年时在本村上私塾，13岁随哥哥孙眉去檀香山读书，"始见轮舟之奇，沧海之阔，自是有慕西学之心，穷天地之想"。后来其兄在此经营畜牧业致富，于是可以资助他上教会学校。16岁那年他离开檀香山回国，在广州入教会医校读书。次年，他转入香港英国人开办的医学专科学校读书十年。读书期间，除学习专业知识外，孙中山对欧美各国的政治、经济、农业，乃至天文地理知识，无不涉猎，被友人称之为"通天晓"。在港读书期间，他大量接触了西方思想文化，为他献身民主革命奠定了思想基础。西方教育经历，使孙中山对西方民主有了更深的体认，对封建君主专制不像那些接受四书五经的人充满敬畏。

光绪十八年(1892年)，孙中山从西医学院毕业，获医学博士学位，在澳门、广州行医。当时他因深感清廷政治腐败，经常与好朋友杨鹤龄以及陈少

① 章收：《孙中山与二十世纪初越南革命的关系》，《广东文史资料》1979年第25辑，广东人民出版社1979年版，第328页。

白、尤列等人共议国事，抨击朝政，时人认为此举为大不敬，称其为“四大寇”。其间他积极参与地方事务，如曾致书当地退休官员郑藻如，提出禁鸦片、种蚕桑、办教育的主张。每逢假期回乡，就帮助农民选种施肥，改良水利，扩宽道路，并与乡绅商议改革乡政等措施。早期的社会活动，对他后来革命思想的形成和革命实践活动，有着重要的实践意义。

在中华民族面临危急的时代背景下，孙中山将自己的人生理想与时代使命结合起来，弃医从政，开始走上毕生救国的道路。孙中山的一生，是为民主革命奋斗的一生。自 1866 年生，至 1925 年去世，他活了 60 岁。自 1894 年建立第一个资产阶级革命团体兴中会起，至 1925 年在北京病亡，从事革命活动 32 年。他 32 年的民主革命生涯，如按大的历史阶段分，可分为两大段：第一阶段是从 1894 年至 1911 年，是他为推翻清政府统治、建立民主共和而努力的阶段；第二阶段是从 1913 年至 1925 年，是他为反对北洋军阀、捍卫民主共和而不断努力的阶段。

孙中山先生的一生是为近代中国的民族独立、民主自由、民生幸福而无私奉献的一生。他一生追求真理，始终与时俱进，先后经历了四次转变。他人生的第一次转变便是弃医从政，第二次是救国方法上从主张改良到立志革命的转变，第三次转变是其“旧三民主义”发展到“新三民主义”，第四次转变是对帝国主义的态度由依赖到坚决反对的转变。所有转变的根本在于他救国救民的理想。

三、孙中山与辛亥革命

1894 年 6 月，孙中山在《上李鸿章书》中，希望清政府能够仿照日本，走维新改良的道路。他说：“人能尽其才，地能尽其利，物能尽其用，货能畅其流。此四事者，富强之大经，治国之大本也。……试观日本一国，与西人通商后于我，仿效西方亦后于我，其维新之政为日几何，而今日成效已大有可观。”①在这些想法没有被采纳后，他毅然走上了革命的道路。

1894 年孙中山和同仁们在檀香山成立兴中会，提出了“驱逐鞑虏，恢复中华，创立合众政府”的基本纲领。该会是第一个资产阶级革命团体，它的成立，标志着资产阶级民主革命的开始。兴中会成立后，接着在广州设立据点，计划 1895 年 10 月发动广州起义，这是孙中山领导的革命党人举行的第一次起

① 孙中山：《上李鸿章书》，《孙中山全集》第 1 卷，中华书局 1981 年版，第 15 页。

义。后因消息被泄露，孙中山遭当局捕杀，被迫流亡日本，至1911年辛亥革命爆发后才回国，在海外过了16年的漂泊生活。其间，孙中山由日本至美洲、欧洲各国考察社会生活和政治制度，宣传革命，筹措经费，联络同志。

在国内，《辛丑条约》签订以后，一些知识界人士对清政府更加不满，宣传民主革命的报刊杂志如雨后春笋般涌现，资产阶级革命思想得以迅速传播。上海和日本东京是当时的两个宣传中心，邹容的《革命军》、章炳麟的文章《驳康有为论革命书》以及陈天华的《猛回头》、《警世钟》及《苏报》、《游学译编》、《浙江潮》等报刊，在当时产生了极大的影响。孙中山先生在《建国方略》中说，第一次广州起义失败后，“举国舆论莫不目予辈为乱臣贼子、大逆不道，咒诅谩骂之声不绝于耳”；而庚子以后，“则鲜闻一般人之恶声相加，而有识之士且多为吾人扼腕叹惜，恨其事之不成矣。前后相较，差若天渊”。① 人们对革命的态度由反对转变为支持，这和民主革命思想的宣传是分不开的。

在资产阶级民主革命思想广为传播的同时，资产阶级革命团体也在各地相继成立。1903年11月华兴会于湖南长沙成立，黄兴任会长，成员有刘揆一、宋教仁等人。其政治纲领是“驱除鞑虏，复兴中华”。1904年秋，光复会于上海成立，蔡元培任会长，成员有徐锡麟、秋瑾、章太炎、陶成章等。该会以“光复汉族，还我河山；以身许国，功成身退”为宗旨，以暗杀和暴动为主要革命手段。

1905年8月，在中国留学生和革命分子云集的日本东京，孙中山领导的兴中会、黄兴领导的华兴会、蔡元培领导的光复会等集会，组建中国同盟会。同盟会总部设在东京，组织机构是本部，设总理，孙中山被推举为总理。本部下面按资产阶级政治三权分立的原则，分设执行、评议、司法三部。执行部是本部最重要的权力机关，负责组织、实施革命活动。执行部负责人称庶务，由黄兴担任，主持会内日常工作。除本部外，同盟会在各地设立支部，发展壮大革命力量。同盟会成立时会员的誓词是“驱除鞑虏，恢复中华，创立民国，平均地权”，简称十六字纲领。同盟会的机关报是《民报》。11月孙中山在《〈民报〉发刊词》中第一次将同盟会的纲领概括为三大主义：民族、民权、民生，后被称为三民主义。

同盟会是第一个全国性的资产阶级革命性质的政党。同盟会的成立，使中国资产阶级革命派以新的面貌和新的姿态走上中国历史舞台，标志着资产阶级民主革命进入了一个新的阶段。同盟会成立不到一年，会员达一万余人。“从

① 孙中山：《建国方略》，《孙中山全集》第6卷，中华书局1985年版，第235页。

此革命风潮一日千丈，其进步之速，有出人意表者矣。”首先，它向国民提出了一个比较完备的民族民主革命纲领。其次，它使资产阶级革命派有了一个全国性的统一的革命组织。再次，它使人数日益众多的革命派有了一个公认的领袖。同盟会的局限性在于：它是由几个地方性的革命小团体组建而成，组织松散，成员成份复杂，思想不尽一致，这就为以后组织的分化、分裂投下了阴影。

同盟会成立以后，革命党人举行了一系列武装反清起义。1906 年 12 月 4 日，同盟会员策动萍浏醴起义，喊出了“建立共和民国”的口号。萍浏醴起义失败以后，孙中山、黄兴从 1907 年 5 月到 1908 年 3 月不满一年的时间内，在两广和云南等边境地区，接连酝酿发动了 6 次武装起义。由于这些起义都是依靠会党发动，均遭失败。

起义的连续失败，使孙中山认识到依靠会党力量不行。从此以后，孙中山和同盟会把起义依靠的力量转向新军，把策反防营和新军作为重点，从 1908 年底开始，先后策划和发动广州防营之役、广州新军起义、广州“三·二九”起义，但均遭失败。1910 年 2 月，广州新军起义失败后，部分同盟会员鉴于孙中山、黄兴在南方边陲地区起义屡遭失败的教训，决定将战略重点转向长江中下游一带地区。湖北革命党人坚持以发动新军为重点，坚持以发展新军士兵为主要对象，秘密开展工作，建立革命组织，相互串联发动，将组织和成员发展到湖北新军各标，一场新的革命风暴即将来临。

1911 年 4 月 27 日，由孙中山领导、黄兴回国直接指挥的广州起义爆发，终因寡不敌众，起义最终失败。革命精英在这次起义中牺牲众多，有姓名可考的党员达 86 人，其中 72 人的遗骸葬于广州黄花岗，此役也称黄花岗起义。此次起义虽败，但影响很大，促进了辛亥革命高潮的到来。之后湖北、湖南、广东、四川等四省民众为反对清政府粤汉、川汉铁路国有化政策而掀起的保路风潮，最终点燃了革命的火焰。1911 年 10 月 10 日晚，湖北新军工程第八营的革命士兵，在武昌城头打响了起义的第一枪，辛亥革命爆发了。到 10 月 12 日，三天内武汉三镇除汉口刘家庙地区外，全部光复。10 月 11 日，新军第 21 混成协统领黎元洪在革命党人的威逼下就任都督，湖北咨议局局长汤化龙任民政总长，湖北军政府成立。

武昌起义后短短一个多月，各省纷纷响应，宣告脱离清政府而独立，清政府的统治土崩瓦解。远在美国的孙中山得到辛亥革命的消息后，回到国内。1911 年 12 月 29 日，独立各省代表会议举行中华民国临时总统选举，孙中山以绝对优势当选。1912 年 1 月 1 日，中华民国临时政府在南京宣告成立，孙中山就任中华民国第一任临时大总统；定国号为“中华民国”，改用公元纪年，1912年为中华民国元年。1912年1月2日，公布《修正中华民国临时政府组织大纲》。1月11日，各省代表会议决定国旗为五色旗，以红、黄、蓝、白、黑五色象征中国境内的汉、满、蒙、回、藏“五族共和”。从此，中国历史上第一个资产阶级民主共和国诞生了，2000多年的封建专制制度结束了。

据统计，自1894年到1911年之间发动的革命起义事件计有29次之多，除了武昌起义成功之外，其他都失败了，革命道路着实不易。辛亥革命的发生，具有伟大的历史意义。这次革命推倒了清王朝的统治，终结了统治中国长达两千多年的君主专制制度，建立了中国历史上第一个资产阶级共和政府，同时推动了亚洲各国民族解放运动的高涨。辛亥革命也使社会经济、思想习惯和社会风俗等方面发生了新变化。

四、捍卫民主共和

辛亥革命虽然取得了巨大成功，但最终仍以失败而告终，这首先表现在袁世凯对辛亥革命果实的窃取。当时革命政权方面为了避免更多的流血牺牲，主张只要袁世凯逼清帝退位，赞成共和，就让他当大总统。清帝退位第二天，袁世凯致电临时政府，宣布共和为最良国体。1912年3月10日，袁世凯在北京就任临时大总统。之后唐绍仪出任民国第一任国务总理，负责组织内阁。袁世凯新政府正式确立，但唐绍仪内阁的实权如外交、内务、陆海军、财政、交通都掌握在袁世凯一派的人物手中。4月1日，孙中山正式辞去临时大总统职务。

孙中山辞职后，专注于实业建设。宋教仁则全力推进议会民主制，使民国真正转入宪政轨道。他先将同盟会和几个小党合并、扩大为国民党，然后展开竞选活动，四处演说，力争在国会大选中获胜，组织政党内阁，制约袁世凯。当国民党在议会选举中获得多数席位时，袁世凯大为震惊。1913年3月20日晚，宋教仁在上海遇刺身亡。同年10月，在总统选举中，袁世凯强迫议员投票选举他为正式大总统。之后袁世凯下令解散国民党，1914年1月甚至解散了国会。随后他又通过修改《总统选举法》，使自己成为终身大总统，且可传子传孙。至此，民主体制已经被破坏得体无完肤，民国最终只剩下一块空招牌。袁世凯做了终身大总统之后，意犹未足，竟然又走了一步错棋——登基称帝。变更国体，最后遭到举国反对，只做了83天皇帝的袁世凯被迫取消帝制。

袁世凯之后，又有张勋的复辟活动，这又是一次对民主制度的破坏。1917

年6月，曾任前清江南提督的张勋率领5千辫子军，攻入北京，将清废帝溥仪重新扶上皇帝宝座。复辟闹剧前后持续不过12天，即告结束。辛亥革命后民主制度屡屡遭到破坏，为了维护民主共和制，孙中山又做了哪些努力呢？

首先，宋教仁案发生后，孙中山发起了武装反袁的“二次革命”。1913年宋教仁被刺后，国民党人如梦初醒，孙中山也看清了袁世凯的真面目。但如何应对宋案，国民党内产生分歧，孙中山力主武装反袁，黄兴则主张法律解决，最终孙中山发起了“二次革命”。由于双方力量悬殊，国民党内意见又不一，二次革命很快遭到袁世凯的镇压，宣告失败。国民党损失惨重，孙中山、黄兴流亡日本。

其次，二次革命失败后，孙中山在日本组建中华革命党。二次革命失败后，国民党元气大伤，孙中山于1914年7月组建中华革命党，要求党员入党时必须各立誓约，加盖指模，声明牺牲自己而绝对服从孙中山个人。还将党员分为首义党员、协助党员、普通党员。黄兴、李烈钧、柏文蔚等都不赞成这种做法，未曾加入。后来参加者人数很少，中华革命党也就未产生多大社会影响。

再次，在袁世凯准备称帝期间，孙中山的中华革命党和梁启超的进步党等组织曾派人赴云南策动武装起义，发起护国运动。1916年3月，四面楚歌中的袁世凯取消帝制，6月6日，在忧惧中病死。

最后，发起两次护法战争。袁世凯死后北洋军阀分裂，皖系段祺瑞掌握中央政权，公然破坏《临时约法》，拒绝恢复国会。1917年7月中旬，孙中山率部分国会议员南下广州，发动第一次护法运动。9月1日，孙中山当选为中华民国军政府大元帅，西南军阀陆荣廷、唐继尧被选为副帅。然而由于陆荣廷和唐继尧争权夺利，与直系军阀达成停战协议后便排挤孙中山，孙中山被迫离粤赴沪，第一次护法运动失败。1919年10月，孙中山又将中华革命党改组为中国国民党。次年8月，孙中山传令粤军陈炯明回师广东，讨伐桂系军阀岑春煊、陆荣廷。1920年11月，孙中山重返广东，恢复军政府，领导第二次护法运动。在平定广西、统一两广后，发布北伐令，以捍卫约法，恢复民国。然而陈炯明部发动叛乱，炮轰大元帅府，孙中山登上永丰舰，陈炯明叛军占领广州。孙中山离开广州，再赴上海，第二次护法战争失败。第二次护法战争的失败，标志着中国旧民主主义革命的终结。两次护法运动的失败，使孙中山意识到军阀乃一丘之貉，他不得不继续寻找出路。

正在孙中山苦闷彷徨之时，苏联、共产国际和共产党向孙中山伸出了援助之手。1924年国民党一大召开，这是一次对国民党进行全面改组、实现国共合作的会议，标志着革命统一战线的建立。同时，这次大会还提出了联俄、联共、扶助农工的三大政策，发展旧三民主义为新三民主义，并决定创办黄埔军校，以培养革命军来挽救中国的危亡。晚年的孙中山找到了一条正确的革命道路，那就是国共合作，共同反对北洋军阀的混乱统治。

1924 年 10 月，奉系军阀的张作霖和直系将领冯玉祥联合推翻曹锟为总统的直系军阀政权，冯玉祥、段祺瑞、张作霖先后电邀孙中山北上共商国是。孙中山接受邀请，抱病北上，发表《北上宣言》，重申反帝反封建和三民主义的主张，并提出废除不平等条约、召开国民会议作为解决时局的办法。1925 年 3 月 12 日，孙中山因患肝癌在北京逝世。逝世前夕签署了《国事遗嘱》、《家事遗嘱》和《致苏俄遗书》三个文件。在国事遗嘱中，他总结了自己几十年的革命经验，得出结论说："必须唤起民众，及联合世界上以平等待我之民族，共同奋斗。"同时发出了"革命尚未成功，同志仍须努力"的号召。在致苏俄遗书中，他表达了实行三大革命政策、坚持反帝爱国事业的坚定信念。1929 年，孙中山遗体由北京移葬南京紫金山。

五、孙中山与三民主义

孙中山的三民主义思想学说有一个形成和发展的过程，大致可分为两个阶段：第一阶段是从 1905 年提出到 1924 年国共合作改组国民党之前，称"旧三民主义"；第二阶段是从 1924 年国共合作起，孙中山对三民主义作了新的解释，补充完善，称"新三民主义"。

孙中山非常重视理论对实践的指导意义，他认为没有科学的理论就不会有成功的实践。同盟会成立时，孙中山即在机关报《民报》上详细地阐述了三民主义思想和十六字纲领。三民主义也就成为同盟会的总的政治纲领，其基本内容是：

民族主义，对应的同盟会纲领是"驱除鞑虏，恢复中华"，指用"民族革命"的方式推翻清政府，扫除清政府对人民的一切专制、压迫、奴役，建立"民族独立的国家"。孙中山的民族主义把握了时代主题，体现了建立"民族国家"的近代化要求，但未从正面提出反对帝国主义的主张，也没有提出民族平等原则。

民权主义，即"建立民国"。民权主义是三民主义的核心，就是反对封建专制统治，用"法制"代替"专制"，用"民治"代替"治民"。孙中山想仿照美国模式建立共和制度，但他又想避免这一制度的某些不足，因而提出将来革命成功后实行五权分立，即立法、行政、司法、考选、监察权的分权制衡。

民生主义，即“平均地权”，也就是解决老百姓的生计问题，其具体解决办法是：核定全国地价，现有地价归原主所有，革命后因社会进步所增涨的地价归国家所有，由国民共享，做到“家给人足”。孙中山想通过这种方式解决土地问题，避免资本主义发展带来的贫富悬殊及由此引发的社会危机，反映了他既想发展资本主义，又要避免其弊端的远见，但他提出的解决办法仍带有空想的性质。

孙中山的三民主义学说，绘制出前所未有的资产阶级共和国蓝图，是一个较为完整而明确的民主革命纲领，对凝聚意志，推进革命起到了积极的作用。其局限性是：没有提出明确的反帝主张，没有废除封建土地所有制和彻底解决农民土地问题。因此，辛亥革命缺乏坚实的群众基础。

1924 年 1 月，中国国民党第一次全国代表大会在广州召开，孙中山主持了大会。在大会通过的《中国国民党第一次全国代表大会宣言》中，孙中山对三民主义作了新的解释，充实了反帝反封建的内容。其中包括：增加了对外反帝、对内主张民族平等的新内容；主张民权为一般的平民所共有，把建立资产阶级专政发展为建立反封建的各革命阶级的联合政府；增加了节制资本、耕者有其田的内容。孙中山早期曾努力争取日、英、法、美等国对中国革命和建设的支持，但均无所获。后来他在斗争中认识到，要争取中国独立富强，就必须努力推翻帝国主义，所以晚年的他同帝国主义进行了坚决的斗争。新三民主义是国共合作的政治基础，是指导国民革命的思想理论体系，有力推动了国民革命的发展。中国国民党第一次代表大会的召开，标志着孙中山的革命思想和革命事业发展到了一个新阶段。

六、孙中山的历史功绩

孙中山是中国伟大的民主革命先行者，他一生致力于救国救民的革命斗争，反对列强侵略和军阀割据，努力争取国家统一和平，为振兴中华民族，不计个人安危，处处以国家、民族利益为重，鞠躬尽瘁，死而后已，在历史上建立了不可磨灭的功勋。他所领导的辛亥革命引发了 20 世纪中国社会第一次巨变，推翻了几千年的封建君主专制，建立了资产阶级民主共和国，颁布了《临时约法》，捍卫民主共和，促成了国共合作，对中国革命和世界革命产生了深远影响，是亚洲觉醒的先驱。此外，在他身上体现出来的以天下为公的博大胸怀和放眼世界的开放心态，以及勇于开拓创新、与时俱进、不断追求真理的百折不挠的进取和斗争精神，都是他留给我们的巨大的精神财富。

孙中山也是中国政治经济现代化的重要阶段性人物。他比较全面地整合了近代西方资产阶级民主思想的重要成分，如宪政民主、人民主权、权力分立制衡等，对西方重要思想在中国的普及，具有推动作用。另外，他还加上了其个人认为有必要保留的中国传统制度中的监察权与考选权，形成五权宪法学说，这是其独创。当然也有一些人认为，孙中山在民国建立以后，有多次作为有违民主、自由、法治等精神。例如二次革命时力主使用武力处理宋案，护法战争时召开非常国会，组织中华革命党采取秘密会党形式，均存在损害民主和法治的表现。即便如此，我们也不可否认孙中山在倡导革命思想，组织、领导革命团体方面的领导者地位，他为推翻帝制，建立民主共和国家所付出的牺牲、努力和所做出的贡献也为多数人所认同。

◎参考书目

1. 吴相湘编撰：《孙逸仙先生传》，台北远东图书公司 1982 年版。
2. 李凡：《孙中山传》，浙江大学出版社 2011 年版。
3. 茅家琦等：《孙中山评传》，南京大学出版社 2011 年版。
4. 张磊、张苹：《孙中山传》，人民出版社 2011 年版。
5. 黄宇和：《三十岁前的孙中山》，生活·读书·新知三联书店 2012 年版。
6. [美]保罗·林百克著，赵拴科、孙小芳译：《孙中山》，东方出版社 2013 年版。

后　记

本书是根据我的教案整理编写而成的。自参加工作以来，我一直承担我校通识课的教学任务，先后开设有《晚清历史人物研究》和《民国历史人物研究》的课程，很受学生的欢迎。在教学过程中，我不断吸收最新的研究成果，反复修改、补充教案，于是就形成了这本系统的、相对成熟的教材。本教材原计划写到建国前，但由于时间的关系，人物选取还是主要集中在清末民初这个时间段。以后我还会不断对教材进行完善、补充和修改，如有机会，我还会出一个增订本，将此次未出版的部分增加进去。

该书的出版得到了华中科技大学教材建设项目和教学研究项目经费的支持，在此表示诚挚的感谢。另外，我还要特别感谢武汉大学出版社的白绍华老师，他为此书的出版付出了辛勤的劳动。他的严谨与认真，使此书避免了很多错误；他在章节安排上的一些建议，也使此书增色不少。

汤　黎

2016 年 8 月